CHANTS et CHANSONS

(POÉSIE ET MUSIQUE)

DE

PIERRE DUPONT

ORNÉS DE GRAVURES SUR ACIER

D'APRÈS LES DESSINS DE

TONY JOHANNOT, ANDRIEUX, GAVARNI, C. NANTEUIL, STAAL, FATH, BEAUCÉ, VEYRASSAT, ETC., ETC.

TOME TROISIÈME

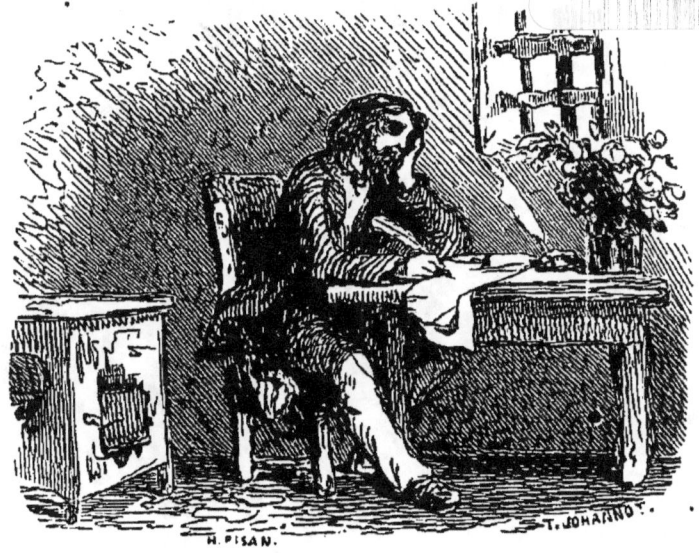

PARIS

LÉCRIVAIN ET TOUBON, LIBRAIRES,

10, RUE GIT-LE-CŒUR.

MDCCCLVIII

CHANTS ET CHANSONS
DE
PIERRE DUPONT

TOME TROISIÈME.

Paris. — Typographie de Henri Plon, rue Garancière, 8.

RÉPONSE AUX CRITIQUES.

Le critique me paraît pouvoir être comparé au jardinier qui se promène la serpe à la main à travers ses arbres fruitiers, élaguant d'ici, de là, taillant, greffant et pansant la blessure de l'arbre avec une laine fine qui lui sert de ligature. Le jardinier d'agrément se sert des ciseaux et du croissant pour transformer les arbres libres en figures géométriques, selon le goût de ses maîtres. Nous devons à ce dernier le dessin de Versailles, accommodé aux habitudes du lieu. J'ai trouvé dans les critiques ces deux sortes de jardiniers : les premiers songeant à encourager la production de l'esprit, s'efforçant d'ôter les seules branches gourmandes, favorisant une jeune pousse ; les autres, prenant le compas, l'équerre et les ciseaux, pour vous mettre à la mode des gens de leur journal. Tel un coiffeur, qui connaît son monde, accommode de différentes façons un notaire, un agent de change, un militaire, un artiste, etc... En un mot, il y a les critiques véridiques et les complaisants ; je le dis sans malice, complaisants quelquefois envers l'auteur, quelquefois envers la feuille où ils écrivent ou envers la caste à laquelle une petite ambition les rattache.

De critiques bons juges, appliquant sans viser à l'effet les lois invariables, mais infiniment variées du beau, je n'ose pas dire qu'il en existe en France. Le désintéressement et l'impartialité sont choses rares. On s'entend toujours sur les généralités, j'allais dire sur les banalités ; on ne permet pas à un auteur d'avoir une opinion différente de la sienne ; ou, quand on est d'accord avec lui sur ce point, on ne sait pas résister au plaisir de l'accabler d'embrassades frivoles. Je ne confonds pas ces éloges ou ces critiques banales avec la fine raillerie qui s'échappe au hasard d'une plume satirique ou d'un crayon spirituel, ni avec les encouragements partis du cœur d'un ami littéraire, espèces de baies savoureuses que le voyageur poétique découvre dans les buissons du chemin et qui l'aident à reprendre haleine.

En littérature comme en beaucoup d'autres choses, nous vivons sous le régime de la protection. On accueille les débuts d'un poëte, on protége ses pas dans la carrière, on lui est favorable, on s'intéresse à ses succès, ou tout au contraire on lui barre le chemin, on le nie, on l'échine, on l'éreinte. On lui prête des vers qu'il n'a pas faits, des mots qu'il n'a jamais prononcés, des sentiments qu'on se garde bien d'expliquer de la même manière que lui ; on lui fait une chute. Des deux parts est-ce juger ?

Il faut bien se montrer reconnaissant envers ceux qui vous empêchent d'être tué par les autres. Les sympathies luttant contre les antipathies ont droit aux remerciments d'un cœur bien né.

Mais quel plaisir plus vif ressentirait un auteur à lire son arrêt sagement inspiré par le désir du beau et du bien, formulé sans louange ni blâme exagérés, et suivi de conseils puisés dans une longue expérience des lettres ?

Pourquoi, quand on juge des chansons, consacrer une moitié d'article à la théologie et à la politique, à une époque où les gens de lettres sont si peu religieux et hommes d'État si faibles ?

Connaissez-vous beaucoup d'écrivains catholiques ou protestants que la pratique rigide excuse d'intenter une action dogmatique à un pauvre diable qui a bien de la peine, en chansonnant, à suivre les lumières de la simple raison. Quel beau linceul néo-catholique la critique a filé à ce pauvre Hégésippe Moreau, plus chrétien peut-être que certains chanoines du feuilleton et certains clercs de revues. Ah! chers et aimables sophistes! épicuriens indignes de Lucrèce, traitez un peu les poëtes comme le menu peuple, ne vous inquiétez pas du temps qu'ils passent à l'église, et demandez-leur des vers comme on demande à un pommier des pommes. Peut-être avez-vous peur de trouver sur leurs arbres le fruit défendu ? Votre pudeur me charme. Et j'attends que vous aussi, vous soyez tamisés dans le crible du temps.

Pardonnez-moi, chers amis, car dans les lettres nous sommes tous amis, à tu et à toi ; nous hantons les mêmes lieux, et si nous ne mangeons pas tous le même pain, il y a cela de bon chez nous que la solidarité, tant houspillée dans les grands articles, est la loi commune qui nous soutient à l'occasion ; pardonnez-moi, dis-je, d'oser lever un voile qui couvre les petits secrets du métier ? « Ne sommes-nous pas

» assez déconsidérés aux yeux de notre maître, le public?
» faut-il nous vilipender entre nous, user notre dernier crédit
» par des révélations peu fraternelles? » Non. Il s'agit de
nous dire une fois pour toutes que, pour faire une littérature
forte, il faut renoncer aux articles de complaisance et nous
traiter sérieusement sous forme légère, si l'on peut. Du
temps de la paix à tout prix, nous étions devenus plus doux
que miel. La révolution a fait tourner ce miel en vinaigre;
on est devenu méchant, le fiel a été mis en mouvement, la
bile est sortie. En 1846, les premières fleurs de cette poésie
rustique étaient précieusement collectionnées dans cet herbier
qu'on appelle album, et le bienveillant Théophile Gauthier,
donnant le branle, tout le monde chantait *les Bœufs*, piqués par l'aiguillon d'Hoffmann. On ne se doutait pas alors
que *le Chant des ouvriers*, suite nécessaire, et étude aussi
désintéressée que celle des *Paysans*, deviendrait un chant
séditieux! Quand le pain montant à vingt-sept sous les
quatre livres, *le Chant de la faim* sortait tout fait de
l'inspiration de l'auteur comme une conséquence de la misère publique, bien plutôt qu'une inspiration haineuse, qui
aurait dit que deux ans après certains panégyristes s'en
iraient crier: Haro sur le baudet! Et, avec cette impartialité
rare: Tout ce qui touche à la politique est détestable, tout
ce qui est rustique est beau!

Je résume un peu brutalement, mais c'est le sens exact.
On voit bien ici que je ne suis pas mû par un simple désir
de légitime défense. Je vais un peu plus loin. J'exige des
critiques un peu plus qu'ils n'exigent de moi; car, franchement, je ne les ai jamais trouvés bien consciencieusement

difficiles. J'exige d'eux qu'ils m'attaquent sur la grammaire, sur le sens commun, sur la bonté ou la vérité des aspirations, sur les vices de nature qui sont nécessairement reflétés dans mes vers, sur ma paresse, sur mes désordres, sur toutes choses enfin qui sont matière à critique, afin d'éveiller par cet aiguillon la muse trop souvent engourdie et le sentiment du devoir trop souvent affaibli.

On se plaint que tout va mal, on fait des doléances sur la société ; on fait de l'art pour l'art. Montégut l'a dit bravement dans son article de la *Revue des deux mondes* :

« Il est bon de rappeler à tous les enfants perdus qui errent dans toutes les capitales de l'Europe, le cœur gonflé de fiel, ou (ce qui est un cas plus fréquent), l'esprit plein du vent impur et desséchant que souffle le siècle, que l'idéal de la démocratie, ce n'est pas l'orgueil ni la révolte, ce n'est pas même l'honneur et la bonne volonté, ni aucune des qualités sympathiques de l'homme, mais la vertu et la sainteté transportées de l'accomplissement des devoirs religieux dans l'accomplissement des obligations temporelles et des devoirs du citoyen. »

Voilà une phrase de vrai critique, un niveau sous lequel nous devons tous plier nos cous de taureaux. C'est le devoir, c'est la source indiquée de la vraie inspiration.

Mais qu'on n'applique pas cette mesure si vraie, si rigoureuse, au seul poëte, cet enfant douloureux d'une société moins vertueuse qu'elle ne le paraît ; cette formule simple devrait bien servir de règle à nos juges, et je suis heureux de la trouver dans un recueil aristocratique et de bon ton, dans la *Revue des deux mondes*.

Corrigez-vous ! *Medice, cura te ipsum!* C'est un bon moyen de nous corriger nous-mêmes et celui indiqué par les moralistes de tous les temps.

Faut-il après cela faire ici une mosaïque de tous les articles de revues et de journaux qui ont bien voulu s'occuper de ces opuscules et de leur auteur?

Il suffira de les énumérer de façon que le public, ce juge en dernier ressort, se les rappelle ou puisse reviser les pièces de ce mince procès.

Le premier, je crois, qui l'a oublié sans doute, le premier qui ait fait sortir mon nom du chaos littéraire, est M. Forgues, sous le nom d'Old Nick.

Son jugement sur le début d'un jeune homme est plein de critiques sages et d'observations fines. Quoique ce feuilleton du *National* se soit égaré dans mes paperasses, il me semble que je le relis tout entier en esprit. La bienveillance et les bons conseils y dominent. « On voit d'ici que ce jeune » homme s'est plu à converser avec les vieillards; qu'il se » défie de l'imitation servile ! » Et l'image qui termine son article est toujours présente à mes yeux : « Que ses illusions » n'aillent pas se briser sur les roches dures de la vie » réelle ! »

La sympathie de Théophile Gauthier m'a été bien souvent précieuse. Ce n'est pas là de la critique, c'est une haute bienveillance que rend peu suspecte sa qualité de poëte éminent, qui veut bien laisser tomber aux mains du pâtre quelques perles de son écrin.

Proudhon m'a donné son coup de fouet d'encouragement. Dans le *Morning Chronicle*, un critique anglais, traducteur de Goëthe, M. Haiward, m'a présenté à sa nation sous des couleurs tellement séduisantes, qu'il y aurait imprudence, je crois, au chantre rustique, de passer le détroit. Ce serait faire tomber d'un coup bien des illusions produites par une sympathie chaude, qui me fait encore battre le cœur, et me naturaliserait Anglais, si la poésie n'était essentiellement cosmopolite par ses fruits, et nationale par sa racine.

Sainte-Beuve, je l'en ai remercié dans ma première préface, m'a accolé au nom d'Hégésippe Moreau. C'est une de ces attentions du cœur dont on est toujours sensiblement touché. Mais que dirait notre illustre confrère, si un des derniers venus osait le rappeler un peu à ses premiers jours? Est-il bien sûr que la sagesse vienne tard? J'en doute, et il me prend quelquefois envie de respecter les petits enfants plus que les hommes! tant la première simplicité a de charmes. La longue expérience ne sert pas beaucoup en poésie.

Janin m'a loué de bon cœur et attaqué de même. Qui ne sait qu'il est sensible à tout bon mouvement, et que le flot de la vie théâtrale l'emporte à tous les bouts de l'horizon. Un sourire ou une boutade du critique fantaisiste sont toujours avantageux pour celui qui en est l'objet.

Émile Fontaine, de l'*Union*, avec la délicatesse et la loyauté qui le caractérisent, m'a prouvé que les différences d'opinion n'excluent pas la sympathie littéraire.

Un de mes compatriotes, M. Tisseur, m'a, dans la *Revue du Lyonnais*, désigné à ma ville natale, et franchement, c'est-à-dire amicalement critiqué. Ce serait une garantie pour le lecteur que mes productions plussent à cet esprit délicat, et ne blessassent jamais un sens moral aussi élevé.

Combien ne devrais-je pas remercier encore de bons vivants de la littérature, qui m'ont égratigné ou encensé pour rire, à tant la ligne, hélas ! C'est le flux ou le reflux du besoin, de l'opinion, d'une foule de petites misères de la vie littéraire ou politique, sur lesquelles il faut laisser flotter une gaze brodée et transparente !

D'aucuns occupent aujourd'hui des fonctions dans l'État ou sont rentrés dans la vie privée. S'ils lisent ces lignes, ils trouveront bien singulier que je réponde d'une façon si bourrue à tant de compliments, ou si peu précise à des éreintements si énergiques !

A quoi bon ajouter un feuilleton de plus à cet océan de papier qui s'annihile par lui-même comme les vagues de la mer ?

Cette petite revue rétrospective n'a d'autre but que de marquer un temps d'arrêt entre la jeunesse qui expire et l'âge mûr qui commence.

Reprenons vent, passons-nous moins la rhubarbe et le séné. Fortifions-nous les uns les autres par des critiques sévères, mêlées d'indulgence et contrôlées par une stricte impartialité. Formons, s'il est possible, un nouveau portique où la discussion soit calme et mesurée comme les pas des anciens philosophes. Entretenons en nous le goût sacré des lettres. Humanisons-les, faisons-les toutes à tous et aimons-nous !

Septembre 1854.

PIERRE DUPONT.

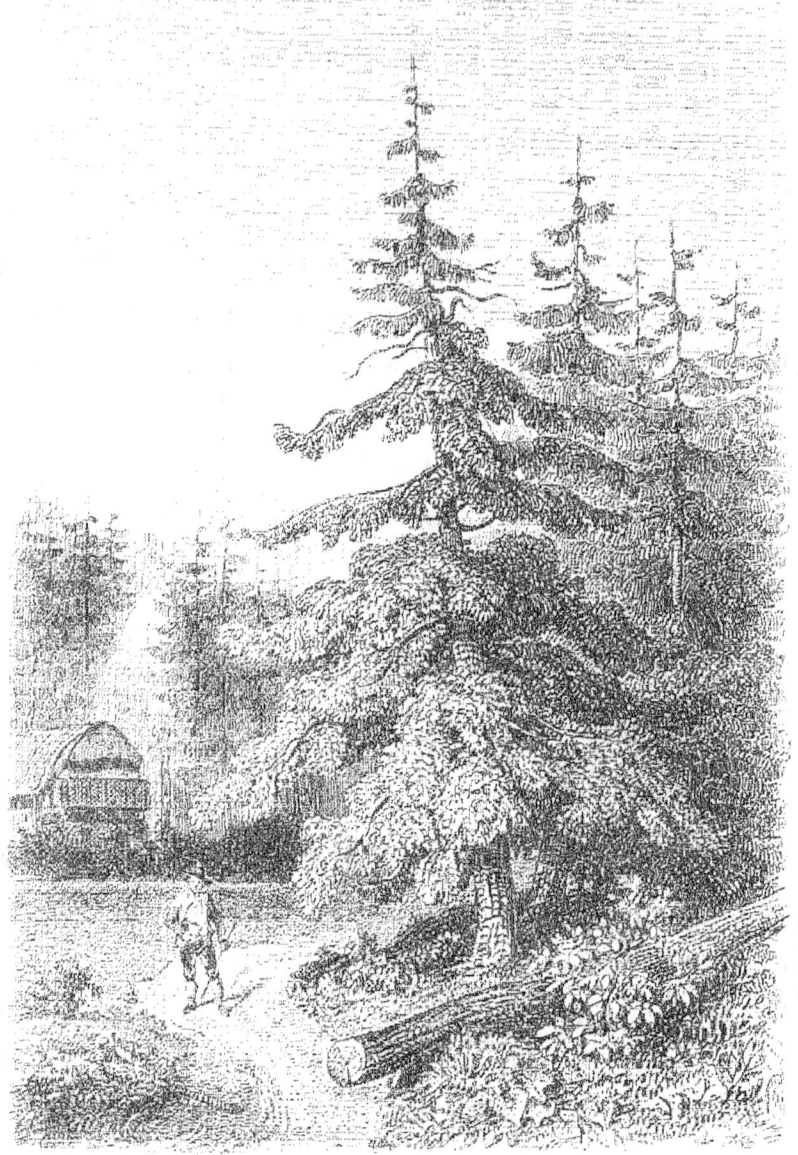

CHANTS ET CHANSONS
DE
PIERRE DUPONT.

LES SAPINS.

J'allais cueillir des fleurs dans la vallée,
Insouciant comme un papillon bleu,
A l'âge où l'âme à peine révélée
Se cherche encore et ne sait rien de Dieu.
Je composais avec amour ma gerbe,
Quand au détour du coteau l'aspect noir
Des sapins verts couvrant un sol sans herbe
Me fit prier ainsi sans le savoir :

  Dieu d'harmonie et de beauté !
  Par qui le sapin fut planté,
  Par qui la bruyère est bénie,
   J'adore ton génie
   Dans sa simplicité.

Le sapin brave et l'hiver et l'orage,
Chaque printemps lui fait un éventail ;
Droite est sa flèche, et vibrant son feuillage ;
L'art grec s'y mêle au gothique travail.

Ses blancs piliers, un souffle les balance
Sans plus d'effort que les simples roseaux :
Chœur végétal, symphonie, orgue immense
Qui darde au ciel d'innombrables tuyaux.

 Dieu d'harmonie et de beauté !
 Par qui le sapin fut planté,
 Par qui la bruyère est bénie,
  J'adore ton génie
  Dans sa simplicité.

Les bûcherons dont la hache est sonore,
Sapin géant ! coupent tes bois légers
Qui porteront du couchant à l'aurore
Hommes, bestiaux et produits échangés.
De ta résine on enduira tes planches,
Tu doubleras les caps sombres sans peur,
Tantôt voguant au gré des voiles blanches,
Tantôt poussé par l'ardente vapeur.

 Dieu d'harmonie et de beauté !
 Par qui le sapin fut planté,
 Par qui la bruyère est bénie,
  J'adore ton génie
  Dans sa simplicité.

L'archet de Dieu règle votre cadence,
Musiciens rhythmés par l'aquilon ;
Un jour des bals vous mènerez la danse
De l'orme agreste au splendide salon.
Vous traduirez des accents dont la flamme
Cherche des cœurs l'invisible chemin ;
Aux violons vous donnerez une âme
Et vibrerez sous un archet humain.

Dieu d'harmonie et de beauté!
Par qui le sapin fut planté,
Par qui la bruyère est bénie,
J'adore ton génie
Dans sa simplicité.

Heureux sapins! vos solives légères
Font les châlets, construisent les hameaux;
Dans vos taillis se cachent les bergères,
Et les buveurs dorment sous vos rameaux.
L'humanité par vos soins est servie,
Bois familiers, dans sa joie et son deuil :
Dans un berceau vous accueillez sa vie,
Et vous clouez ses morts dans le cercueil.

Dieu d'harmonie et de beauté!
Par qui le sapin fut planté,
Par qui la bruyère est bénie,
J'adore ton génie
Dans sa simplicité.

Arbres divins, respectés des tempêtes!
Vous inspirez le calme et ces douceurs
Qu'aime la foule aux vers de ses poëtes,
Et qu'Apollon enseignait aux neuf sœurs.
Quand, au hasard, la sagesse infinie
Eclaire un front, c'est à l'ombre des bois.
Reviens, Orphée, y rêver l'harmonie!
Viens, ô Lycurgue, y méditer des lois!

Dieu d'harmonie et de beauté!
Par qui le sapin fut planté,
Par qui la bruyère est bénie,
J'adore ton génie
Dans sa simplicité.

LES SAPINS.

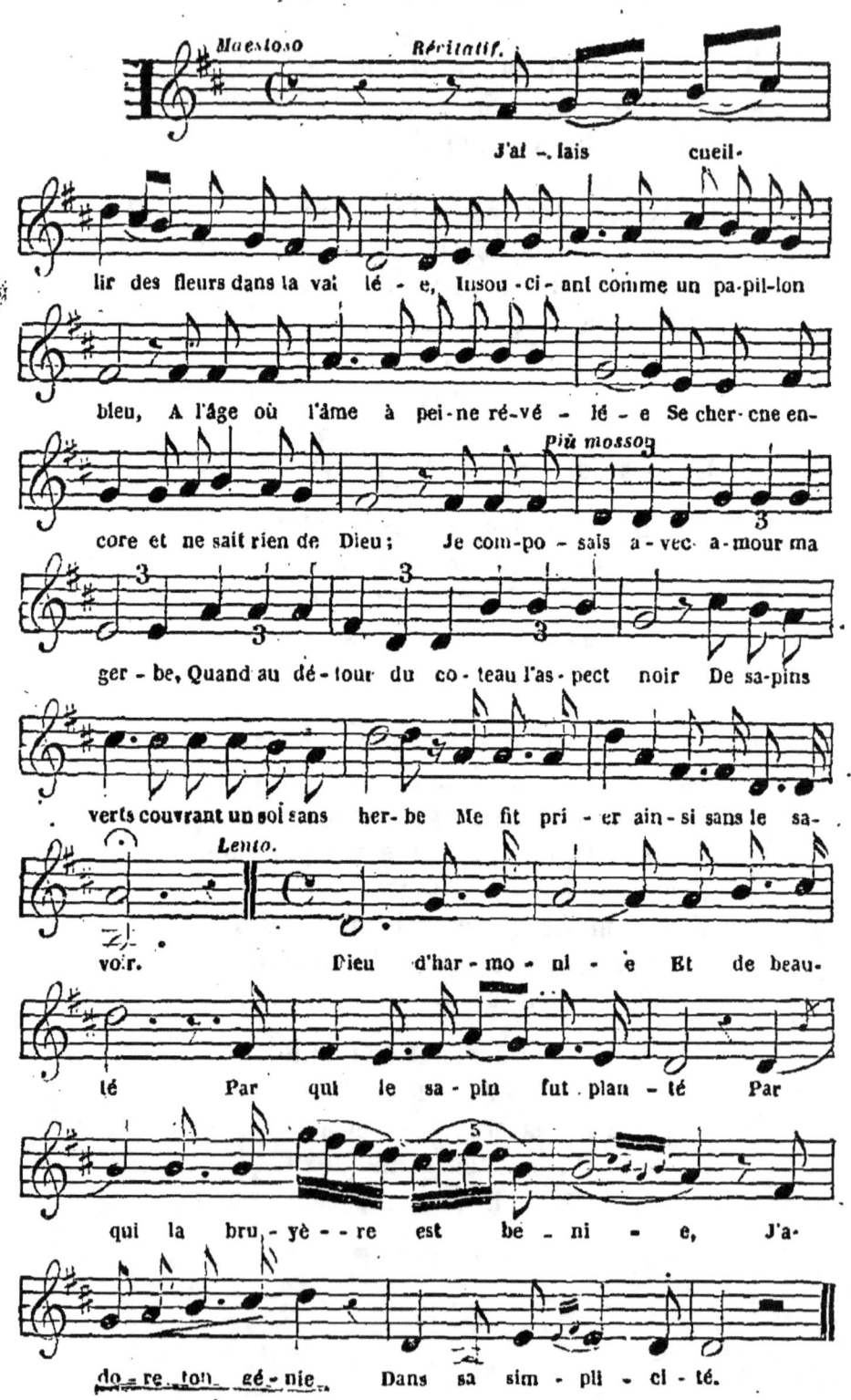

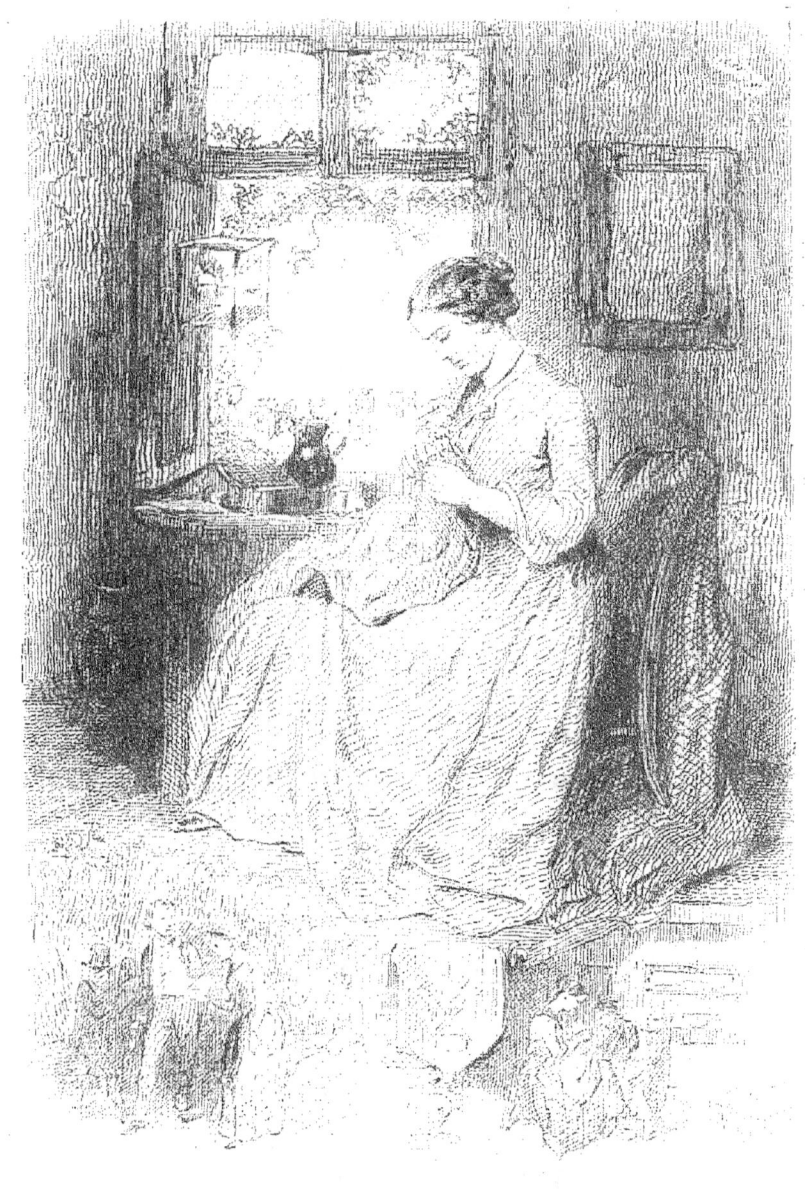

L'AIGUILLE.

Aiguille gentille,
Va, viens, voltige et cours,
Quand pleure la famille,
Ta douce lueur brille
Sur ses tristes jours.

Active, polie et rapide,
Ayant pour guide un joli doigt,
Au long de l'ourlet qu'elle ride,
L'aiguille suit son chemin droit ;
Au dé soumise elle travaille,
Nul effort ne la peut lasser ;
Comme dans l'eau bleue une écaille,
L'œil à peine la voit glisser.

Aiguille gentille,
Va, viens, voltige et cours,
Quand pleure la famille
Ta douce lueur brille
Sur ses tristes jours.

Comme la lame d'une épée
Faite de l'acier le plus pur,
Elle est fourbie, elle est trempée,
On le connaît à son azur ;

Voyez ! à peine il est visible
Le trou par où passe le fil ;
La guêpe en son courroux terrible
N'a pas l'aiguillon plus subtil.

  Aiguille gentille,
 Va, viens, voltige et cours,
 Quand pleure la famille
 Ta douce lueur brille
  Sur ses tristes jours.

Pendant que l'épingle s'arrête
Et fixe l'étoffe au genou,
L'aiguille mobile, inquiète,
Perce toujours un nouveau trou ;
L'épingle sérieuse et sage
Se repose le plus souvent ;
Du progrès l'aiguille est l'image,
 Elle va toujours en avant.

  Aiguille gentille,
 Va, viens, voltige et cours,
 Quand pleure la famille,
 Ta douce lueur brille
  Sur ses tristes jours.

Combien de diverses pensées,
D'amour, de douleur ou d'espoir,
Par les aiguilles retracées,
S'attachent au fil blanc ou noir ;
A l'aiguille sa confidente
La couturière dit ses soins ;
Que de fois une larme ardente
A mouillé la trace des points !

Aiguille gentille,
Va, viens, voltige et cours,
Quand pleure la famille,
Ta douce lueur brille
Sur ses tristes jours.

Mais à quoi bon pleurer sans cesse!
La couturière a de beaux jours;
Après les longues nuits de presse,
Le travail fait place aux amours;
L'orchestre anime la feuillée,
Les chèvrefeuilles sont en fleur;
Gentil bonnet, mine éveillée
Ont bientôt fait de prendre un cœur.

Aiguille gentille,
Va, viens, voltige et cours,
Quand pleure la famille,
Ta douce lueur brille
Sur ses tristes jours.

Tout ce qui de la belle fille
Couvre le corps si bien tourné,
Jupe, chiffon, sa leste aiguille
L'a cousu, brodé, festonné;
Au liséré de sa bottine,
Au corset qui garde le sein,
Son aiguille nerveuse et fine
Sait coudre un œillet au besoin.

Aiguille gentille,
Va, viens, voltge et cours,
Quand pleure la famille,
Ta douce lueur brille
Sur ses tristes jours.

Pour le fiancé quelle chance !
Cette fille est un beau parti ;
C'est un vrai titre de naissance
Qu'un doigt par l'aiguille bleui.
N'est-ce pas un trésor, l'épouse
Qui, retirée en sa maison,
Peut montrer sans qu'on la jalouse,
Une aiguille sur son blason ?

   Aiguille gentille,
Va, viens, voltige et cours,
Quand pleure la famille,
Ta douce lueur brille
   Sur ses tristes jours.

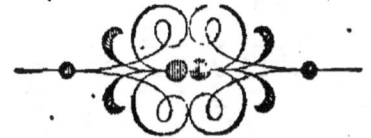

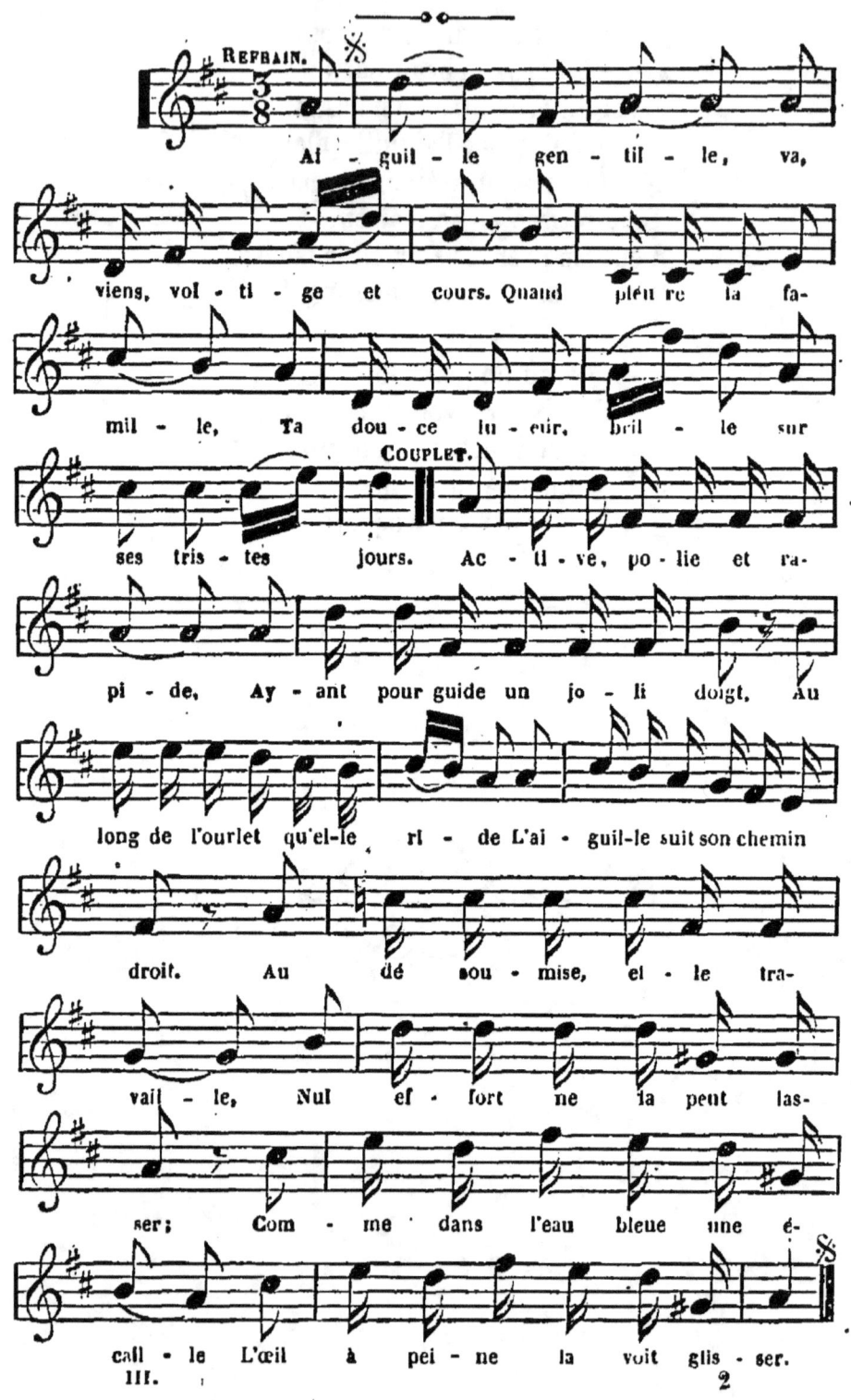

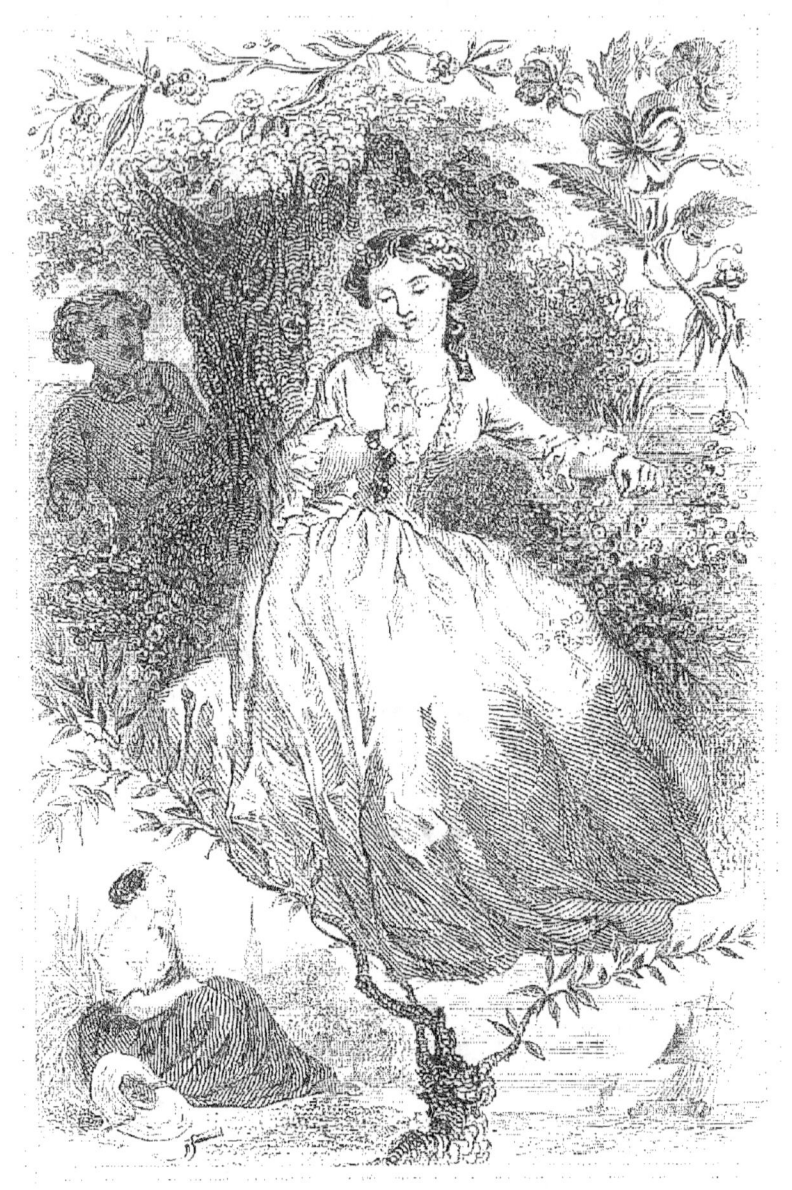

LA PENSÉE.

Dès qu'un rayon perce la brume,
Dans les plus agrestes jardins,
Sur la terre humide qui fume
Pousse une fleur sans art ni soins :
Mélancolique et nuancée
D'améthyste, de jais et d'or,
Fleur de velours, c'est la pensée,
Dont l'ovale est un triple accord.

La grâce infinie étincelle
Des jardins verts au cœur des bois,
Et pour moi la fleur la plus belle
Est la dernière que je vois.

Je voudrais percer le mystère
D'amour, de grâce et de bonheur
Que notre nourrice la terre
Nous dérobe dans chaque fleur ;
Avec la clé de ce langage
Comme on serait plus vite instruit !
Chaque fleur devient une image
Qui se reflète dans l'esprit.

La grâce infinie étincelle
Des jardins verts au cœur des bois,
Et pour moi la fleur la plus belle
Est la dernière que je vois.

En attendant que l'on comprenne
Ces signes vivants et muets,
Les amoureux que l'instinct mène
Les font servir à leurs secrets :
La pensée à cette infidèle
Qui d'un pied de gazelle a fui
Au détour du jardin rappelle
Qu'il faut encor penser à lui.

La grâce infinie étincelle
Des jardins verts au cœur des bois,
Et pour moi la fleur la plus belle
Est la dernière que je vois.

En ces jours où l'âme glacée
N'entrevoit plus un seul rayon,
Qu'à vos pieds luise une pensée
Aussi rêveuse que son nom,
L'âme jusqu'alors engourdie,
Par ce regard mise en éveil,
Comme une tige reverdie,
Étale ses fleurs au soleil.

La grâce infinie étincelle
Des jardins verts au cœur des bois,
Et pour moi la fleur la plus belle
Est la dernière que je vois.

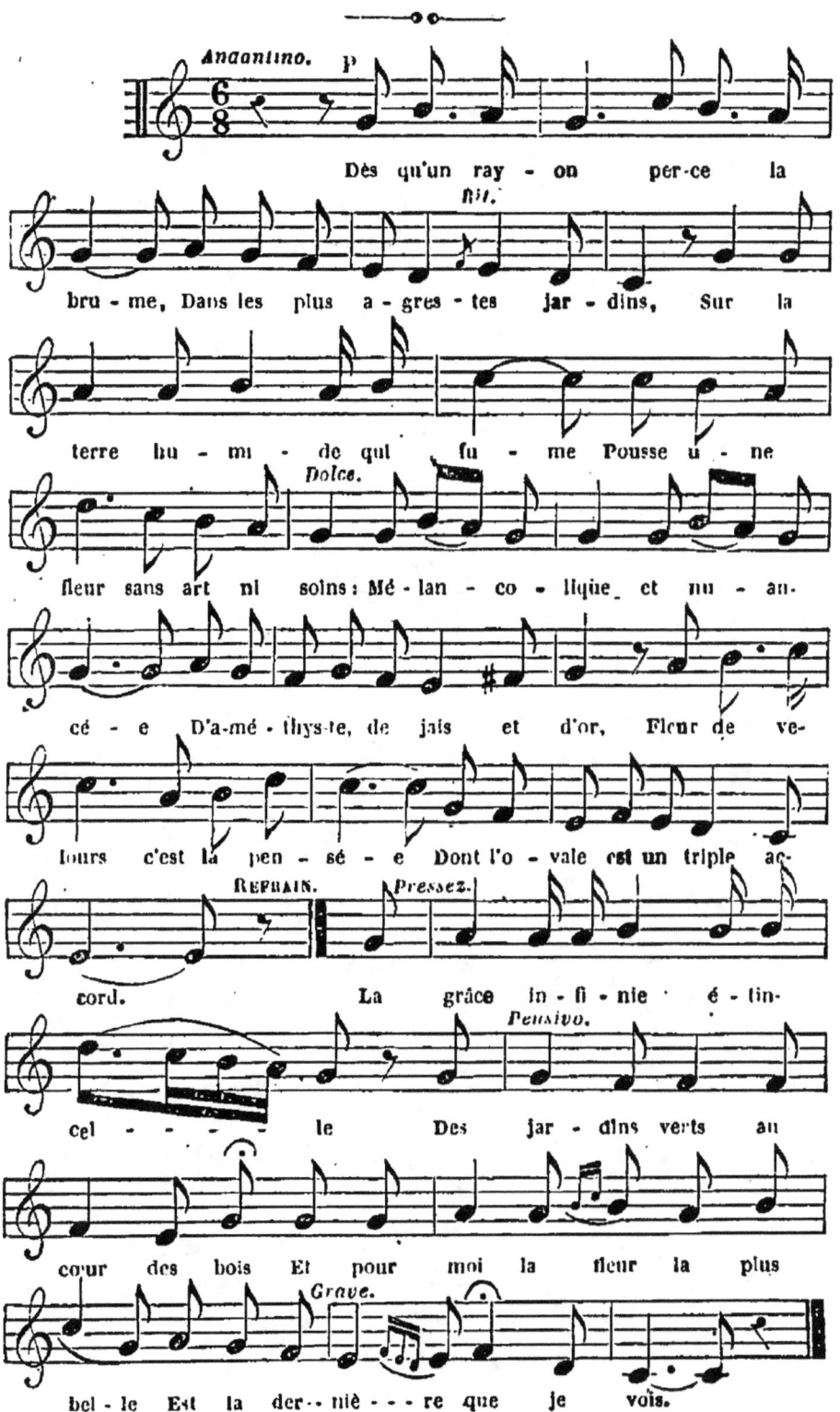

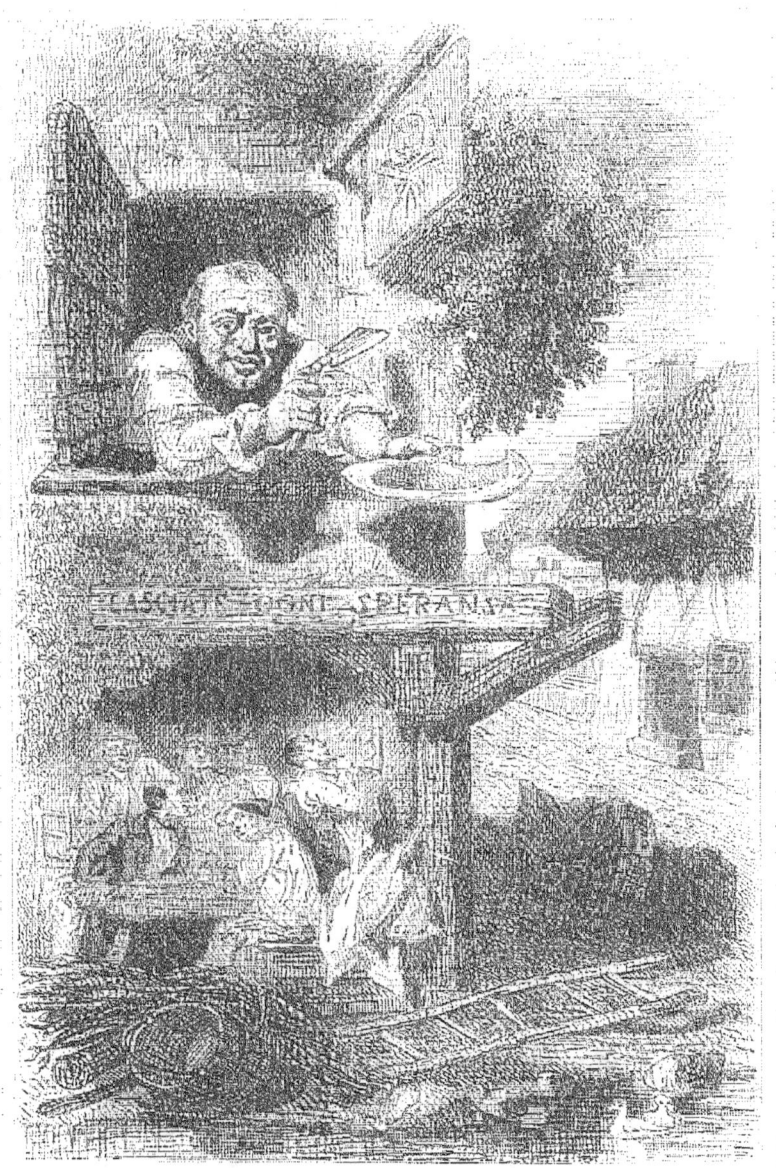

LE BARBIER DE VILLAGE

LE BARBIER DE VILLAGE.

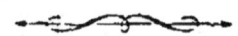

Dans un méchant petit village
Qui se dérobe à vos regards,
L'été caché dans le feuillage,
L'hiver noyé dans les brouillards,
Certain barbier tient sa boutique,
Type grotesque du passé,
A qui je donnai ma pratique
Un beau dimanche, étant pressé.

Adieu la musicale phrase
Du galant barbier Figaro,
Ce perruquier vilain vous rase
En vrai bourreau, en vrai bourreau

Distinguez-vous la silhouette
De ce plat à barbe en ferblanc,
Comme une vieille girouette
Au vent grinçant et miaulant !
Entrez par la porte cochère,
De ces fagots faites le tour,
Cherchez un taudis sans lumière
Qui se cache au fond de la cour.

Adieu la musicale phrase
Du galant barbier Figaro,
Ce perruquier vilain vous rase,
En vrai bourreau, en vrai bourreau.

S'il vous reste quelqu'espérance,
Passant, laissez-la sur le seuil,
Ce perruquier à barbe rance
Darde sur vous son mauvais œil,
Vous découvrez dans les ténèbres
Les noms des grands suppliciés,
L'image des crimes célèbres,
A Saint-Claude coloriés.

Adieu la musicale phrase
Du galant barbier Figaro,
Ce perruquier vilain vous rase,
En vrai bourreau, en vrai bourreau.

Si vous désirez de l'eau fraîche,
Dans un coin sombre gît un seau,
Et si la mare n'est point sèche,
Vous-même allez puiser de l'eau.
Un plat à barbe, antique vase,
S'offre en morceaux à votre main ;
Si vous espérez qu'on vous rase,
Vous pouvez repasser demain.

Adieu la musicale phrase
Du galant barbier Figaro,
Ce perruquier vilain vous rase,
En vrai bourreau, en vrai bourreau.

« Voyez-vous pas que ma main tremble, »
Dit notre homme, avec un soupir ;
« Un petit verre, ce me semble,
» Serait bon pour la raffermir »
Vous acceptez par politesse
La liqueur qu'il vous faut payer ;
L'eau-de-vie emporte la pièce,
Elle vous rase le gosier.

Adieu la musicale phrase
Du galant barbier Figaro,
Ce perruquier vilain vous rase,
En vrai bourreau, en vrai bourreau.

Sa main tremble encor davantage,
Vous tremblez rien que de la voir
S'approcher de votre visage ;
Vous apercevez un miroir,
C'est un tesson, une parcelle
D'un miroir autrefois brisé ;
Tout près, au bout d'une ficelle
Pend un rasoir mal aiguisé.

Adieu la musicale phrase
Du galant barbier Figaro,
Ce perruquier vilain vous rase,
En vrai bourreau, en vrai bourreau.

Si du linge l'on s'inquiète,
Ou de la propreté, tout beau !
Faudrait-il pas une serviette
Exprès pour ce joli museau !
La serviette de tout le monde
N'est point assez bonne pour lui.
Que voulez-vous que l'on réponde ?
Tout autre se serait enfui.

Adieu la musicale phrase
Du galant barbier Figaro,
Ce perruquier vilain vous rase,
En vrai bourreau, en vrai bourreau.

Donc je me rase en patience,
Quand les ivrognes du pays

Chez le barbier prennent séance,
Gesticulant, poussant des cris;
On raille, on braille, on se dispute;
Je suis l'objet de l'entretien,
Et la victime de la lutte;
Le sang coule, c'était le mien.

Adieu la musicale phrase
Du galant barbier Figaro,
Ce perruquier vilain vous rase
En vrai bourreau, en vrai bourreau.

Échaudé par cette aventure,
Je n'y serai jamais repris;
Oui, par ma barbe je le jure,
Par ma barbe longue depuis.
Avant d'aller livrer toi-même
Ta tête au fer d'un ignorant,
Sois barbu comme Polyphême,
Barbe-Bleue ou le Juif errant.

Adieu la musicale phrase
Du galant barbier Figaro,
Ce perruquier vilain vous rase
En vrai bourreau, en vrai bourreau.

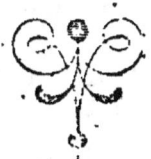

LE BARBIER DE VILLAGE.

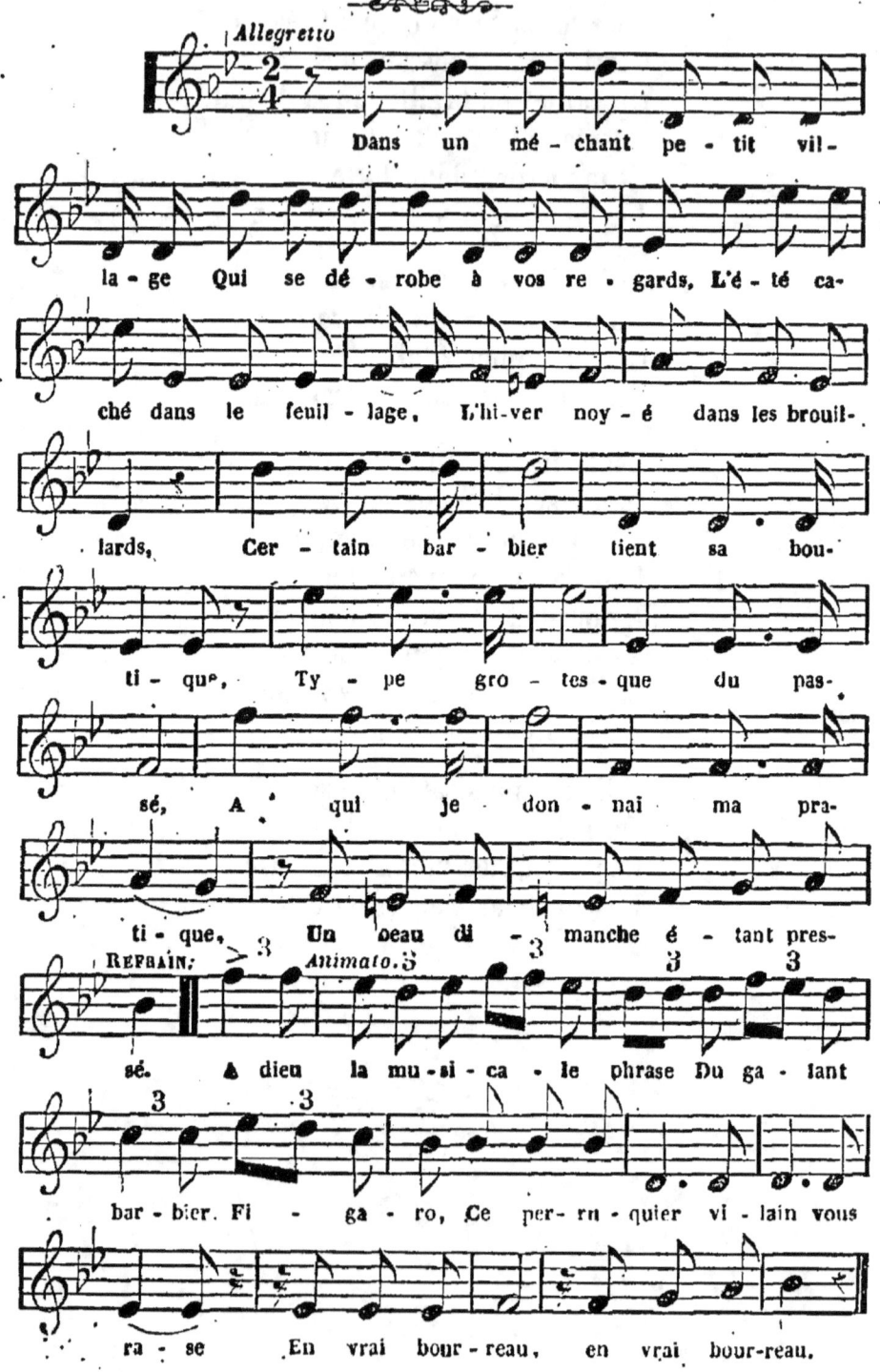

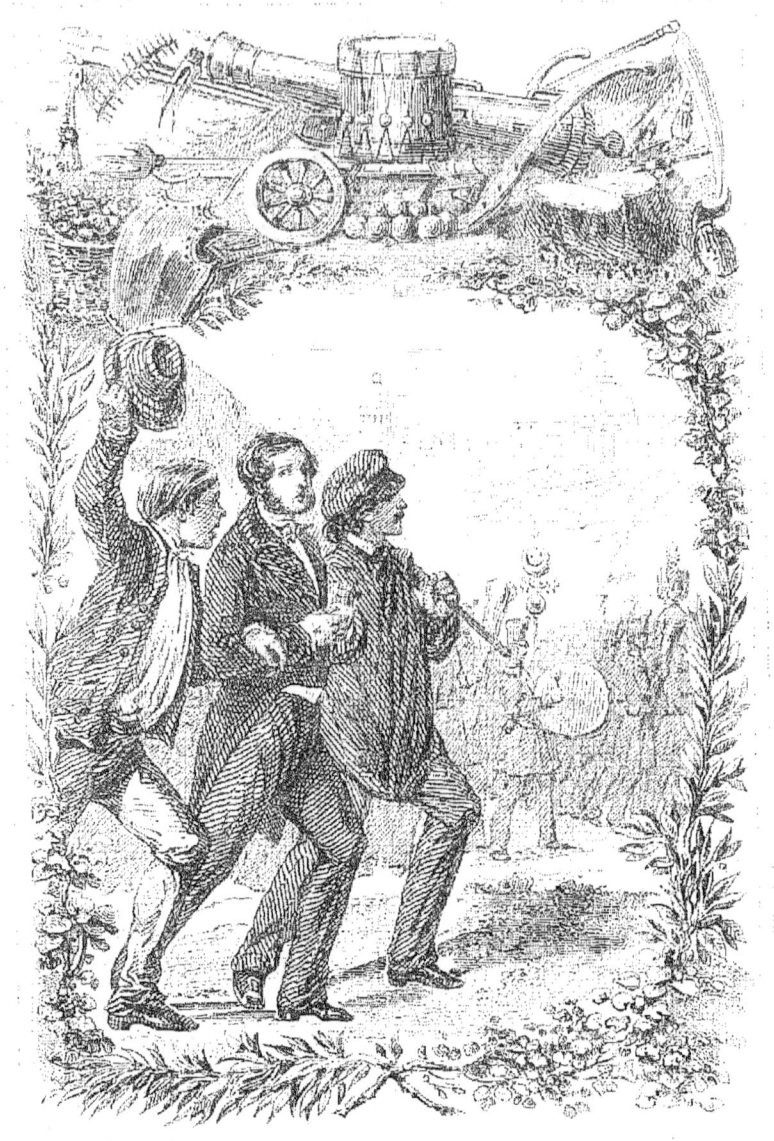

LA FÊTE DU CHAMP DE MARS.

21 mai 1848.

Allons gaîment à notre fête,
Beau laboureur, bon ouvrier !
Et vous, grands bœufs, traînez en tête
Chêne, olivier et vert laurier.
Mêlons nos voix à la musique
Des chœurs chantants, des régiments :
Dans un refrain simple et rustique
Faisons valoir nos sentiments.

Vive la République !
La fête est magnifique :
Les sabres, les fusils, les canons, le tambour
Y font honneur aux outils du labour !

Toutes les gloires de la France
Vont à la fête au Champ de Mars.
La religion, la science,
L'honneur, le travail et les arts.
La foule avec joie et tendresse
Entoure les représentants
Et Dieu répand avec largesse
Tous les trésors de son printemps.

Vive la République!
La fête est magnifique
Les sabres, les fusils, les canons, le tambour
Y font honneur aux outils du labour!

Asseyons-nous à cette table
Et fraternisons tous en chœur.
La République est équitable.
Au pauvre elle donne du cœur.
Nous n'avons pas grand'chose à faire ;
Il faut l'aimer, la soutenir ;
Le riche du pauvre est le frère ;
De là dépend tout l'avenir.

Vive la République!
La fête est magnifique :
Les sabres, les fusils, les canons, le tambour
Y font honneur aux outils du labour!

Puisque ce banquet nous rallie,
Il faut porter une santé
A la Pologne, à l'Italie
Qui réclament leur liberté ;
A l'Allemagne, à l'Amérique
Qui de loin nous tendent la main ;
Car il faut que la République
Règne sur tout le genre humain.

Vive la République !
La fête est magnifique :
Les sabres, les fusils, les canons, le tambour
Y font honneur aux outils du labour !

Nos pères ont pris la Bastille ;
Leur sang ne s'est pas démenti.
Nous sommes bien de leur famille,
Mais ne formons plus qu'un parti.
Le clairon bruyant de la guerre
N'excitera plus les rivaux ;
Les bœufs laboureront la terre
Accouplés avec les chevaux.

Vive la République !
La fête est magnifique :
Les sabres, les fusils, les canons, le tambour
Y font honneur aux outils du labour !

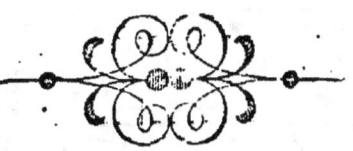

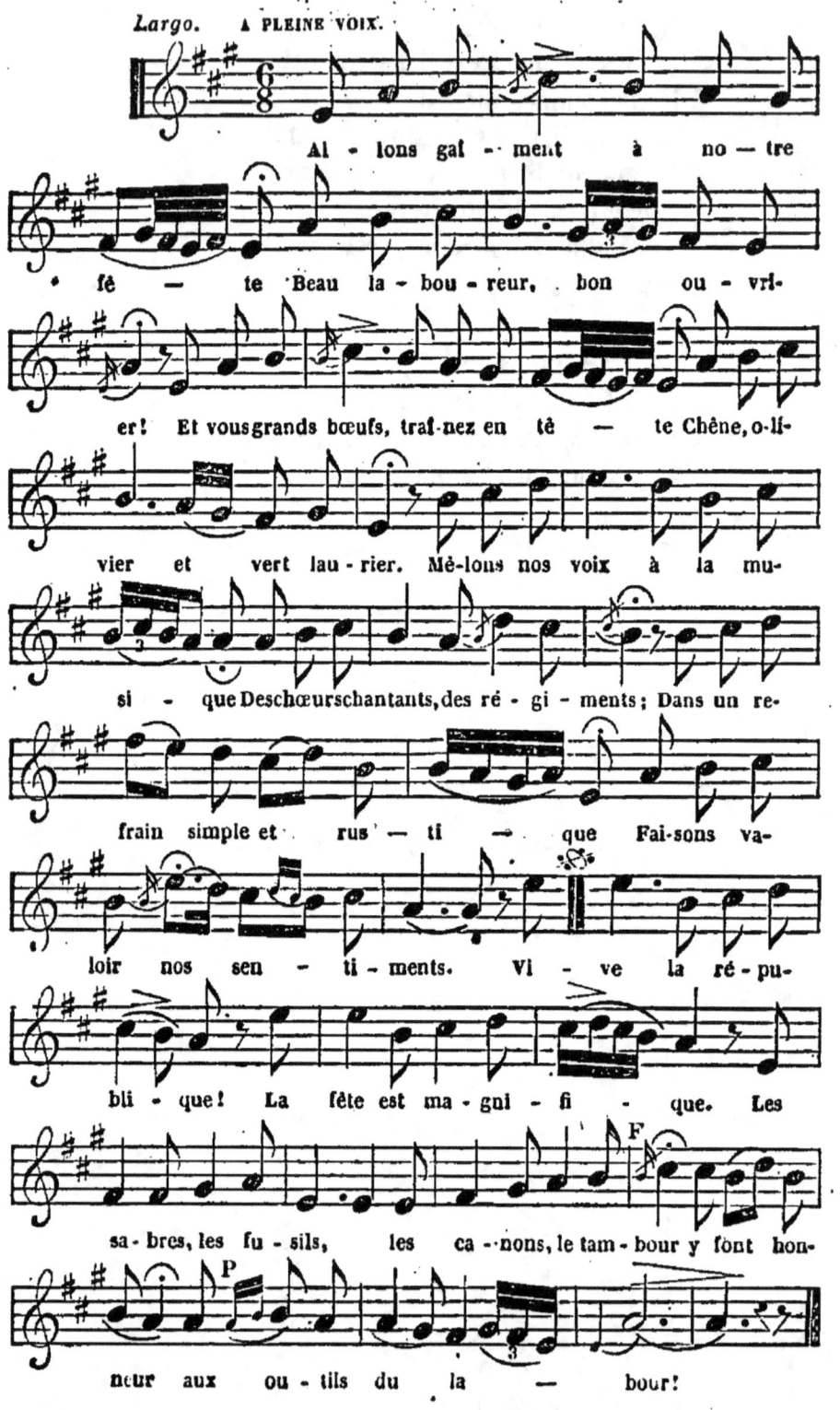

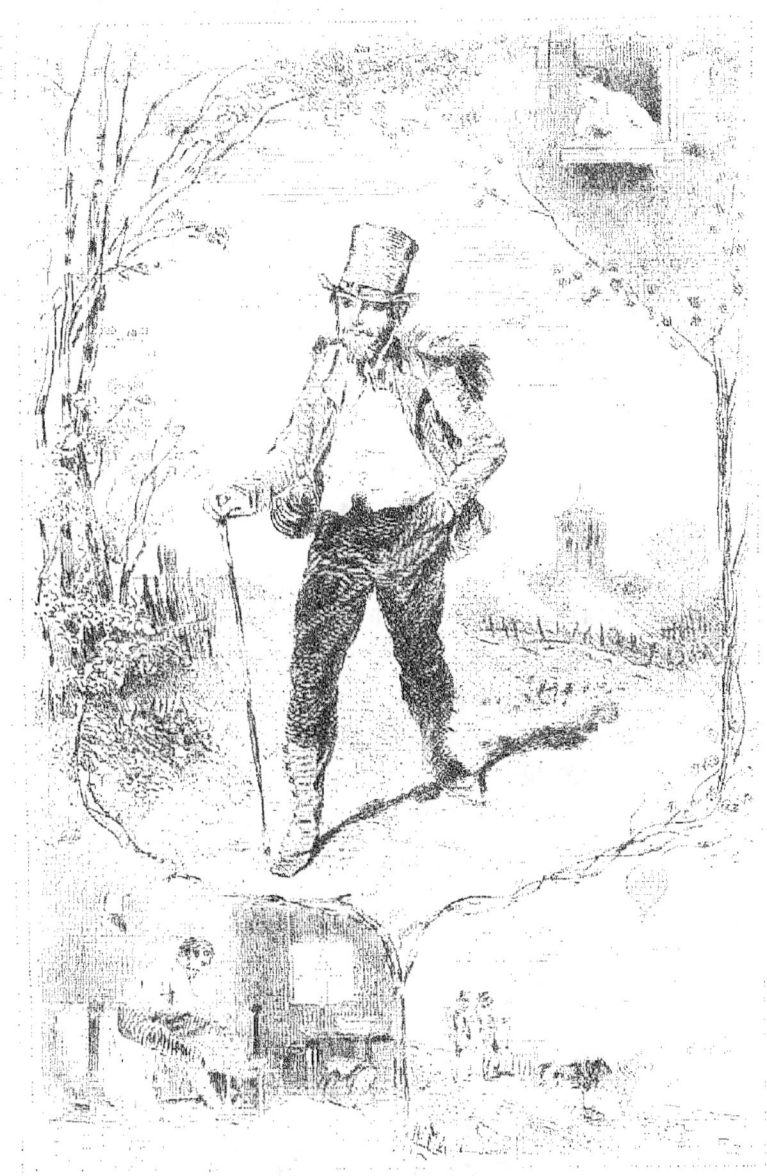

LE VOYAGEUR A PIED.

Au premier cri de l'hirondelle
Sitôt que la route blanchit,
Le voyageur que l'aube appelle
S'éveille et saute à bas du lit ;
Guêtré, lavé, la tête fraîche,
L'œil limpide comme un miroir,
Le sac au dos : qu'on se dépêche !
Dame hôtesse ! bonjour, bonsoir.

    Gai chantant en route,
    Le joyeux piéton
    En marchant s'écoute,
    Et de son bâton
Marque la cadence et le ton.

Son noueux bâton de voyage
Marqué d'avance, il l'a coupé
Au front d'un néflier sauvage,
Et dans la flamme il l'a trempé ;

Ce n'est qu'une arme défensive
Pour écarter les chiens errants
Et les gens dont l'humeur trop vive
Se prend de querelle aux passants.

  Gai chantant en route,
  Le joyeux piéton
  En marchant s'écoute,
  Et de son bâton
Marque la cadence et le ton.

Au roulier il tient compagnie,
Riant du scepticisme amer
De ce vieux mécréant qui nie
Le succès du chemin de fer.
Il lui répond : mais que sera-ce,
Quand les ballons vont se frayer
Un nouveau chemin dans l'espace,
Emportant charrette et roulier?

  Gai chantant en route,
  Le joyeux piéton
  En marchant s'écoute,
  Et de son bâton
Marque la cadence et le ton.

Qu'une chaise de poste roule
Laissant flotter un voile vert!
Son cœur bat, son gosier roucoule
Et sa lèvre siffle un doux air;

Dans sa tête un roman commence
Dont il voit le dénoûment fuir,
On en ferait une romance
Mais il n'en reste qu'un soupir.

    Gai chantant en route,
      Le joyeux piéton
    En marchant s'écoute,
      Et de son bâton
Marque la cadence et le ton.

A cette image fugitive
Succède un tableau plus certain :
C'est l'amoureuse plus naïve
Qui l'appelle dans le lointain ;
De sa fenêtre elle regarde,
L'oreille ouverte au moindre bruit,
Et, si le gai piéton s'attarde,
Elle pleurera cette nuit.

    Gai chantant en route,
      Le joyeux piéton
    En marchant s'écoute,
      Et de son bâton
Marque la cadence et le ton.

LE VOYAGEUR A PIED.

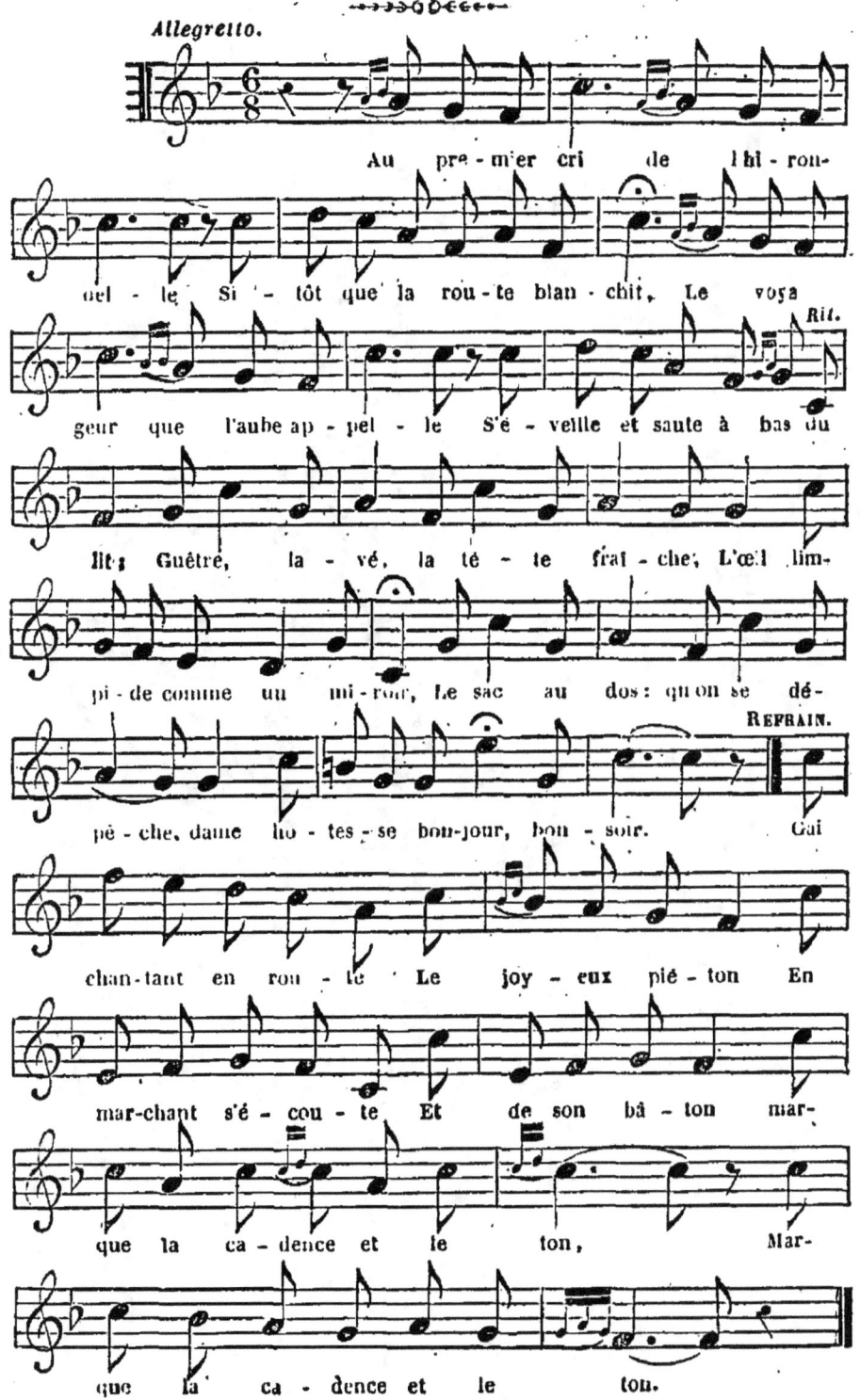

Au pre-mier cri de l'hi-ron-del-le Si-tôt que la rou-te blan-chit, Le voya-geur que l'aube ap-pel-le S'é-veille et saute à bas du lit; Guêtré, la-vé, la tê-te fraî-che, L'œil lim-pi-de comme un mi-roir, Le sac au dos: qu'on se dé-pê-che, dame hô-tes-se bon-jour, bon-soir.

REFRAIN.

Gai chan-tant en rou-te Le joy-eux pié-ton En mar-chant s'é-cou-te Et de son bâ-ton mar-que la ca-dence et le ton, Mar-que la ca-dence et le ton.

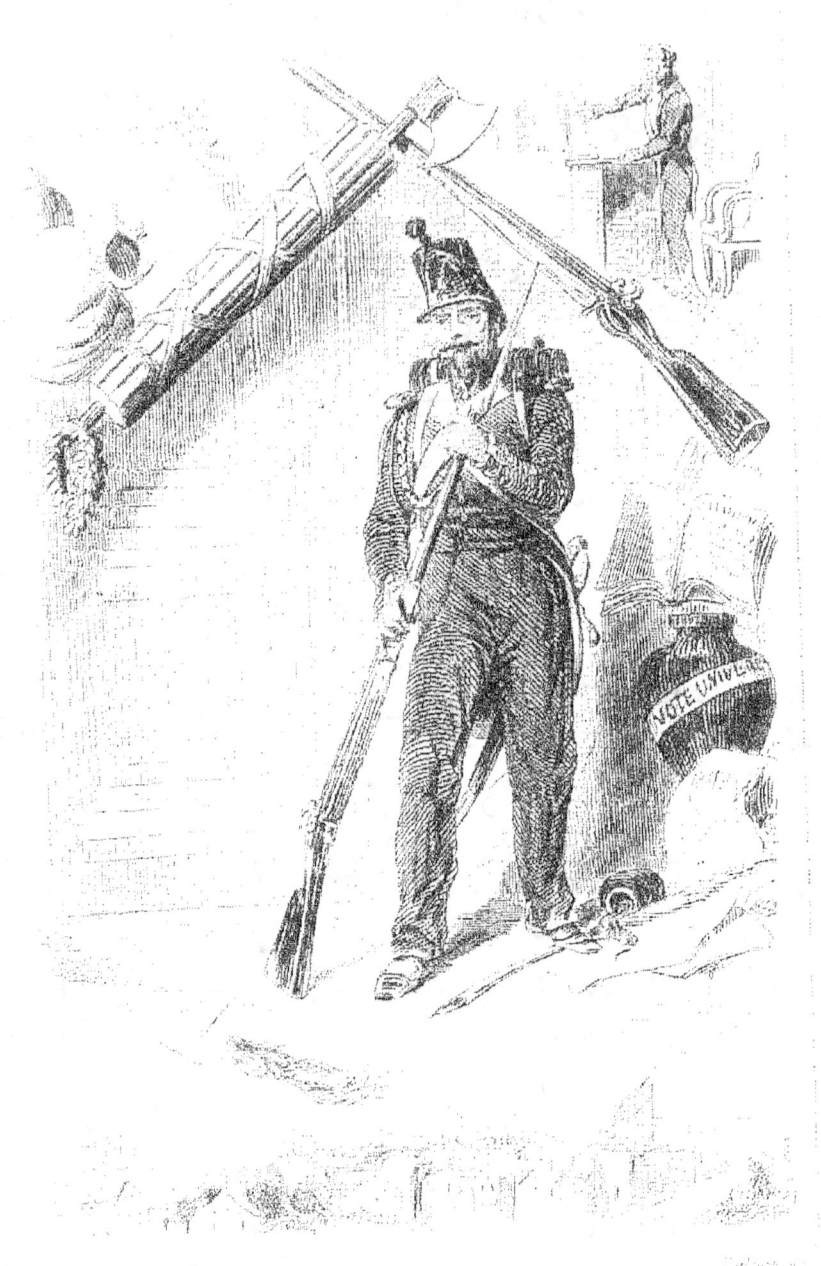

LA CHANSON DU BANQUET.

21 Février 1848.

Un temps d'arrêt suspend la destinée :
Qu'est devenu le mot d'ordre en avant?
Nous naviguons la poupe retournée ;
Le vaisseau flotte en un calme énervant.
Les intérêts ont fait la nuit si noire !
Quatre-vingt-neuf n'est qu'un rêve aujourd'hui ;
Quand on y songe, on a grand'peine à croire
Qu'un tel soleil sur notre France ait lui !

    La France dort, mais n'est pas morte ;
    Elle a des sursauts en dormant ;
    Le fruit divin que son flanc porte
    N'est pas mûr pour l'enfantement.

Nos trois couleurs dont la teinte est salie
Ne disent rien aux yeux des nations :
Suisse, Pologne, Allemagne, Italie,
Faites sans nous vos révolutions.
En d'autres temps, la France tout entière
Se fût levée à la voix du tribun ;
Et nos fusils n'ont passé la frontière
Que pour servir à l'ennemi commun.

La France dort, mais n'est pas morte ;
Elle a des sursauts en dormant ;
Le fruit divin que son flanc porte
N'est pas mûr pour l'enfantement.

Noir ennemi dont l'engeance pullule
Quand on la croit étouffée à jamais,
Perçant toujours cellule sur cellule,
Il mine tout de la base aux sommets ;
Sa mission sur terre est de détruire,
Et d'obscurcir la céleste clarté ;
Il asservit, et pourtant fait bruire,
Cocarde au front, le mot de liberté.

La France dort, mais n'est pas morte,
Elle a des sursauts en dormant ;
Le fruit divin que son flanc porte
N'est pas mûr pour l'enfantement.

La liberté, cette vierge féconde,
Vous voudriez l'étouffer au berceau
Et que son nom fût effacé du monde,
Vous l'attaquez dans Voltaire et Rousseau ;
Et, malgré vous, quand l'univers l'adore
Et la connaît pour la fille de Dieu,
Vous essayez pour la trahir encore,
Sur l'habit noir d'endosser l'habit bleu.

La France dort, mais n'est pas morte ;
Elle a des sursauts en dormant ;
Le fruit divin que son flanc porte
N'est pas mûr pour l'enfantement.

Quatre-vingt-neuf avait brisé nos chaînes;
Mais les cadets sont bien loin des aînés!
L'or et la peur sont le mors et les rênes.
Qui nous tiendront désormais bâillonnés.
Plus d'union, rentrez chez vous tout morne;
Isolez-vous dans la terreur des lois;
Donnez-nous donc pour enseigne une borne :
De nos drapeaux s'enfuit le coq gaulois.

    La France dort, mais n'est pas morte;
    Elle a des sursauts en dormant;
    Le fruit divin que son flanc porte
    N'est pas mûr pour l'enfantement.

Quelques suppôts de la sainte alliance,
Et des vendus, dans le temple introduits,
O liberté, sont-ils toute la France?
Ils sont à peine un hameau dans Paris.
Que l'heure sonne! et la France lassée
Effacera leurs œuvres et leurs noms.
Un peuple entier, mû par une pensée,
Peut d'un veto désarmer les canons.

    La France dort, mais n'est pas morte;
    Elle a des sursauts en dormant;
    Le fruit divin que son flanc porte
    Va mûrir pour l'enfantement.

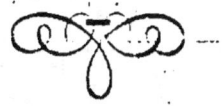

LA CHANSON DU BANQUET.

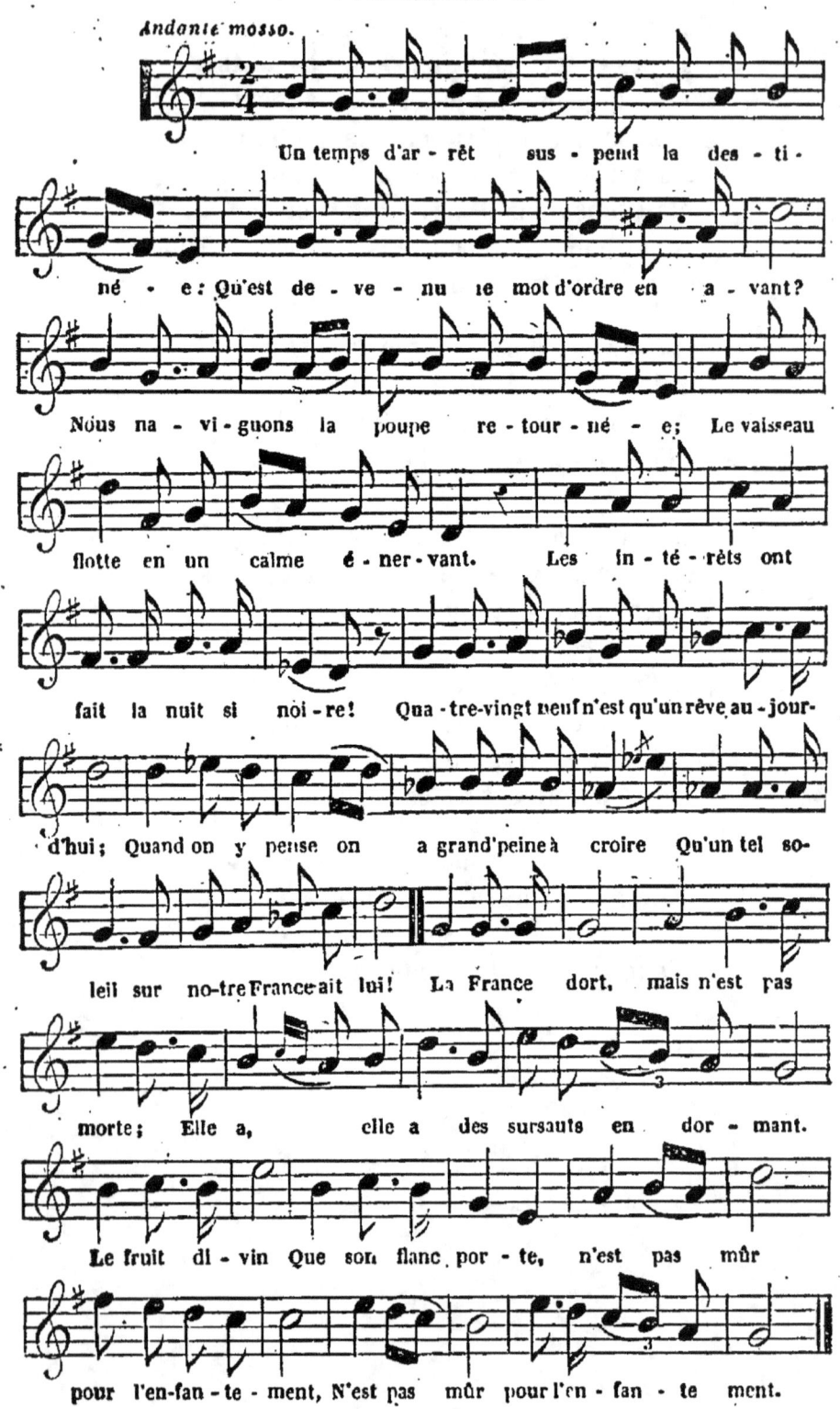

Un temps d'ar - rêt sus - pend la des - ti - né - e: Qu'est de - ve - nu le mot d'ordre en a - vant? Nous na - vi - guons la poupe re - tour - né - e; Le vaisseau flotte en un calme é - ner - vant. Les in - té - rêts ont fait la nuit si noi - re! Qua - tre-vingt neuf n'est qu'un rêve au - jour - d'hui; Quand on y pense on a grand'peine à croire Qu'un tel so - leil sur no - tre France ait lui! La France dort, mais n'est pas morte; Elle a, elle a des sursauts en dor - mant. Le fruit di - vin Que son flanc por - te, n'est pas mûr pour l'en-fan - te - ment, N'est pas mûr pour l'en - fan - te - ment.

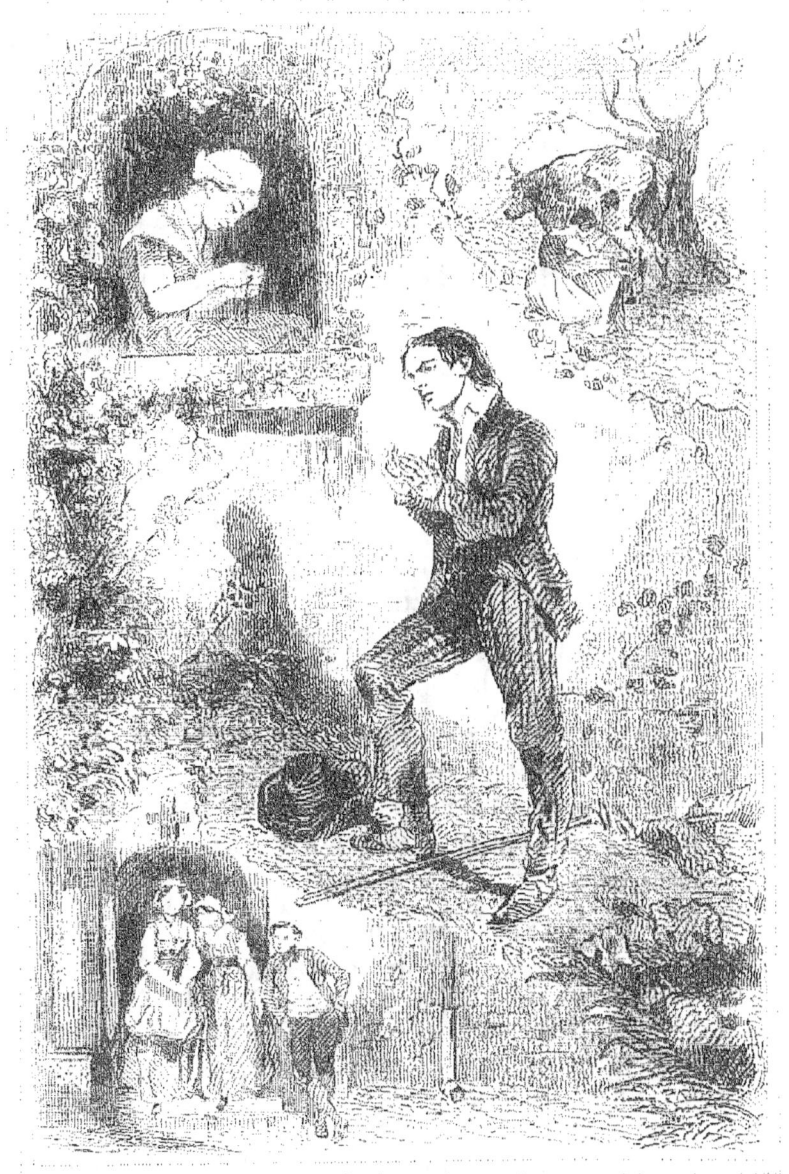

LA SÉRÉNADE DU PAYSAN.

Sur mon visage aux frais contours,
Quand fleurit la cire des prunes
Et des pêches le doux velours,
J'aimais les blondes et les brunes ;
Je les guettais à l'herbe, aux champs,
Aux noisettes, jusqu'à l'église,
Perdant mes amours et mon temps :
Je ne connaissais pas Denise.

L'une avait le pied pas plus grand
Qu'au jour même de son baptême ;
Une autre, l'œil bleu transparent ;
De la fleur qui dit je vous aime,
Une était rouge, s'il vous plaît ;
Une, blonde au teint de cerise ;
Une autre, brune au teint de lait ;
Je ne connaissais pas Denise.

L'oiseau bleu n'avait pas chanté
Cette romance langoureuse
Qui nous fait mettre de côté
Toute autre que notre amoureuse.

Mais il a chanté, Dieu merci !
Depuis j'en ai la tête prise,
Tout le corps et le cœur aussi :
Depuis j'ai rencontré Denise.

Elle demeurait loin de tous,
Toujours close dans sa chambrette,
Aussi piquante que le houx
Pour ceux qui lui contaient fleurette.
Quand je l'ai vue, elle a souri
Du coup à ma bonne franchise.
« Je veux être votre mari, »
Ai-je dit, « voulez-vous Denise ? »

Elle vaut cinq dots à la fois,
Trait les vaches comme une reine,
Fait ce qu'elle veut de ses doigts
Sans avoir l'air d'y prendre peine.
Elle est belle comme le jour ;
Parée ou simple dans sa mise,
Je l'appellerais fleur d'amour,
Si je n'aimais pas mieux Denise.

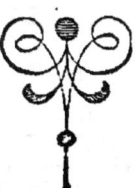

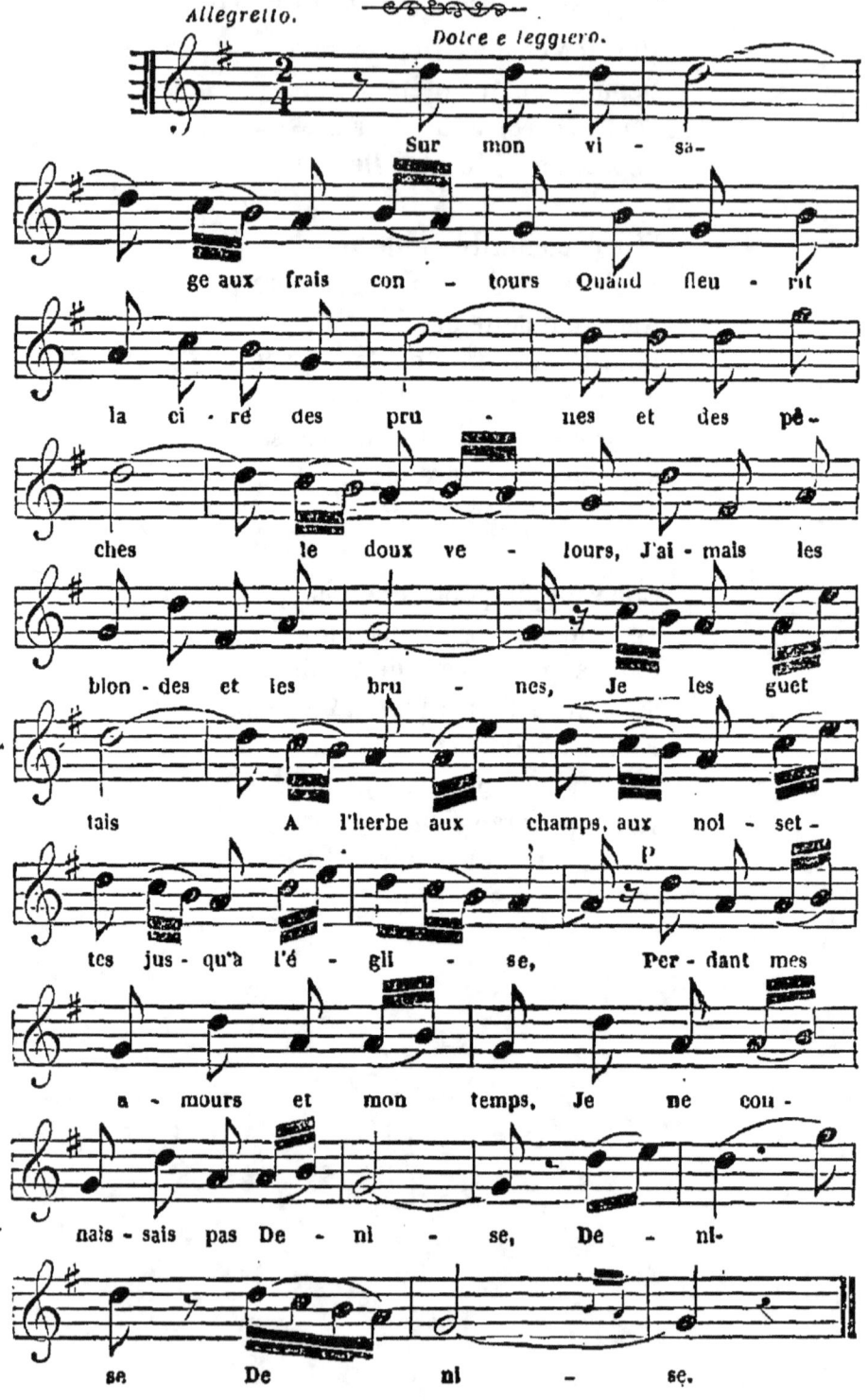

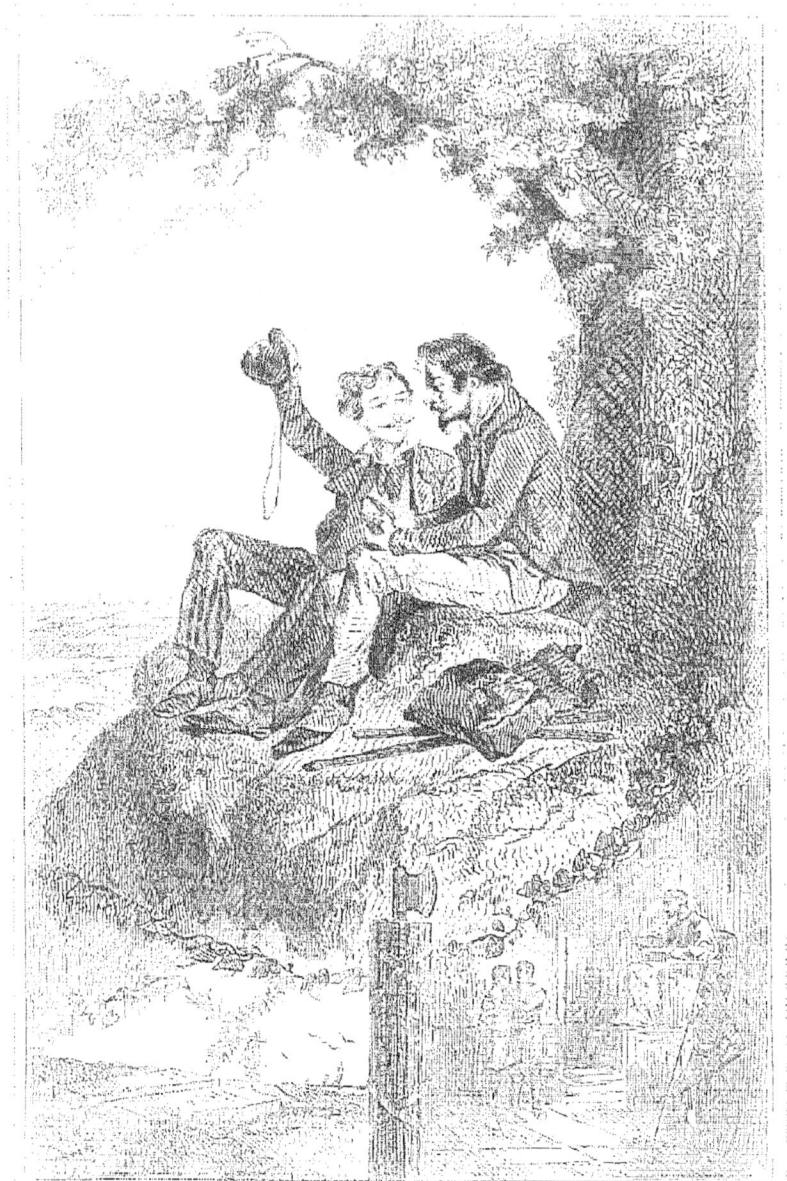

LE CHANT D'AMITIÉ

LE CHANT D'AMITIÉ.

1847.

Nous sommes deux, âmes et corps,
Formant, par les secrets accords
De nos cœurs et de nos pensées,
Deux branches d'arbre entrelacées.

Marchons ! L'un sur l'autre appuyés,
Nous franchirons montagne et plaine,
Ne lassant jamais que nos pieds ;
Nos cœurs sont toujours en haleine.
Cédant au poids de la chaleur,
Un même fruit nous désaltère,
Un même vin qu'on rend meilleur
En le buvant au même verre.

Nous sommes deux, âmes et corps,
Formant, par les secrets accords
De nos cœurs et de nos pensées
Deux branches d'arbre entrelacées.

Que nous combattions isolés,
Le frère éloigné de son frère,
Ou comme chevaux attelés
Au même char dans la carrière,

Faisons toujours un seul faisceau
De nos lauriers, de nos couronnes;
L'arc de triomphe est un arceau
Qui repose sur deux colonnes.

Nous sommes deux, âmes et corps,
Formant, par les secrets accords
De nos cœurs et de nos pensées,
Deux branches d'arbre entrelacées.

Comme les deux ailes de fer
Du vaisseau que la vapeur mène
Tranchent les vagues de la mer,
Traversons la tourmente humaine!
Notre navire glorieux,
Dût le vent déchirer ses voiles,
Un jour montera dans les cieux
Pour s'y changer en deux étoiles!

Nous sommes deux, âmes et corps,
Formant, par les secrets accords
De nos cœurs et de nos pensées,
Deux branches d'arbre entrelacées.

Ainsi liés, peut-on souffrir?
Que l'un ou l'autre on nous accuse,
L'un pour l'autre voudra mourir,
Comme jadis dans Syracuse.
Denis, voyant de tels amis,
Les rendit à leur douce étreinte,
Et supplia pour être admis
En tiers dans leur amitié sainte.

Nous sommes deux, âmes et corps,
Formant, par les secrets accords
De nos cœurs et de nos pensées,
Deux branches d'arbre entrelacées.

A sa prière, ils se sont tus;
Ils auraient admis le génie,
Ou la science ou les vertus,
Mais non jamais la tyrannie.
Suivons un exemple si beau
D'amitié pure et de courage,
Et qu'un jour sur notre tombeau
Deux lauriers mêlent leur ombrage.

Nous sommes deux, âmes et corps,
Formant, par les secrets accords
De nos cœurs et de nos pensées,
Deux branches d'arbre entrelacées.

LE CHANT D'AMITIÉ.

MUSIQUE D'ERNEST LÉPINE.

A M. DARCIER.

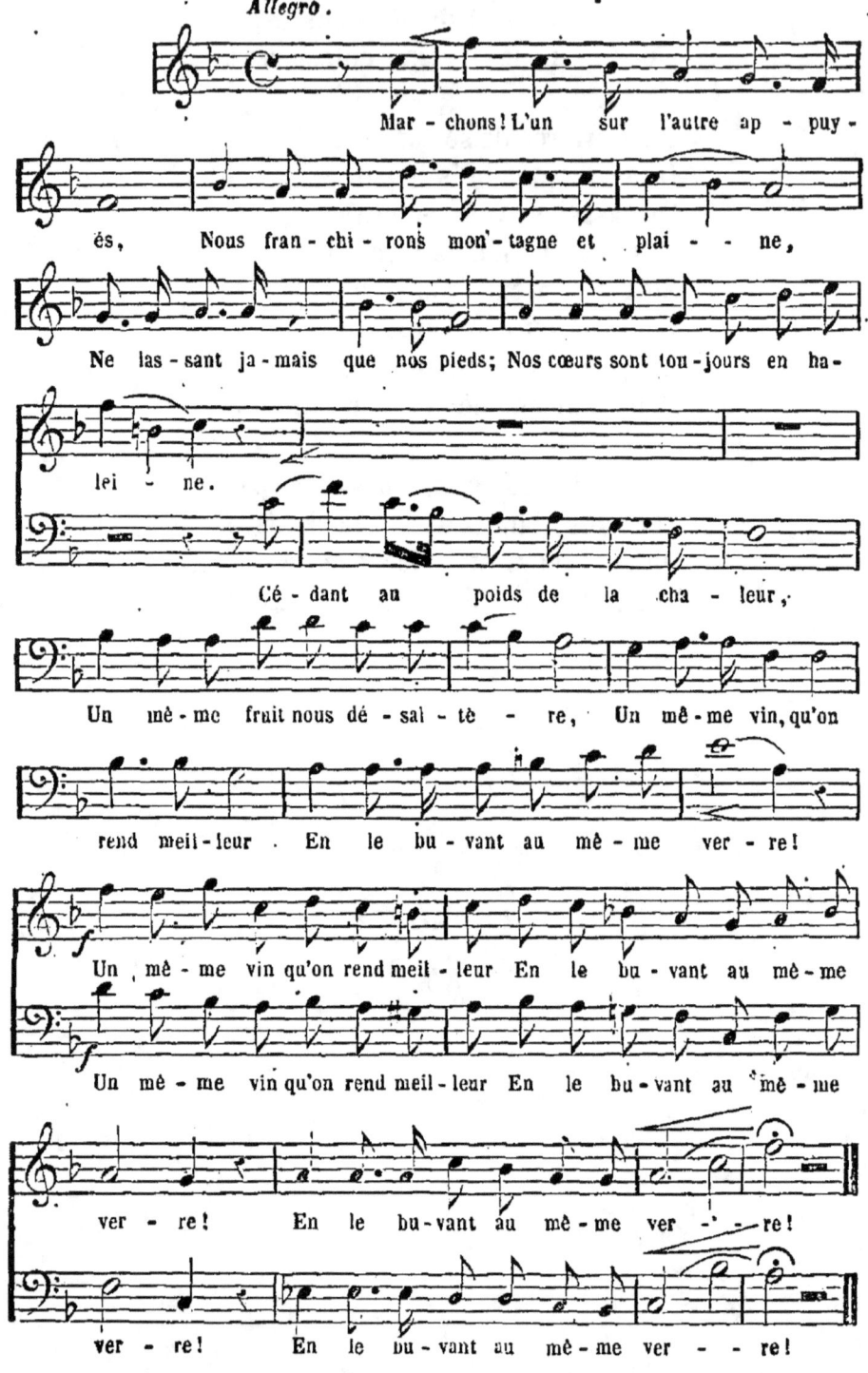

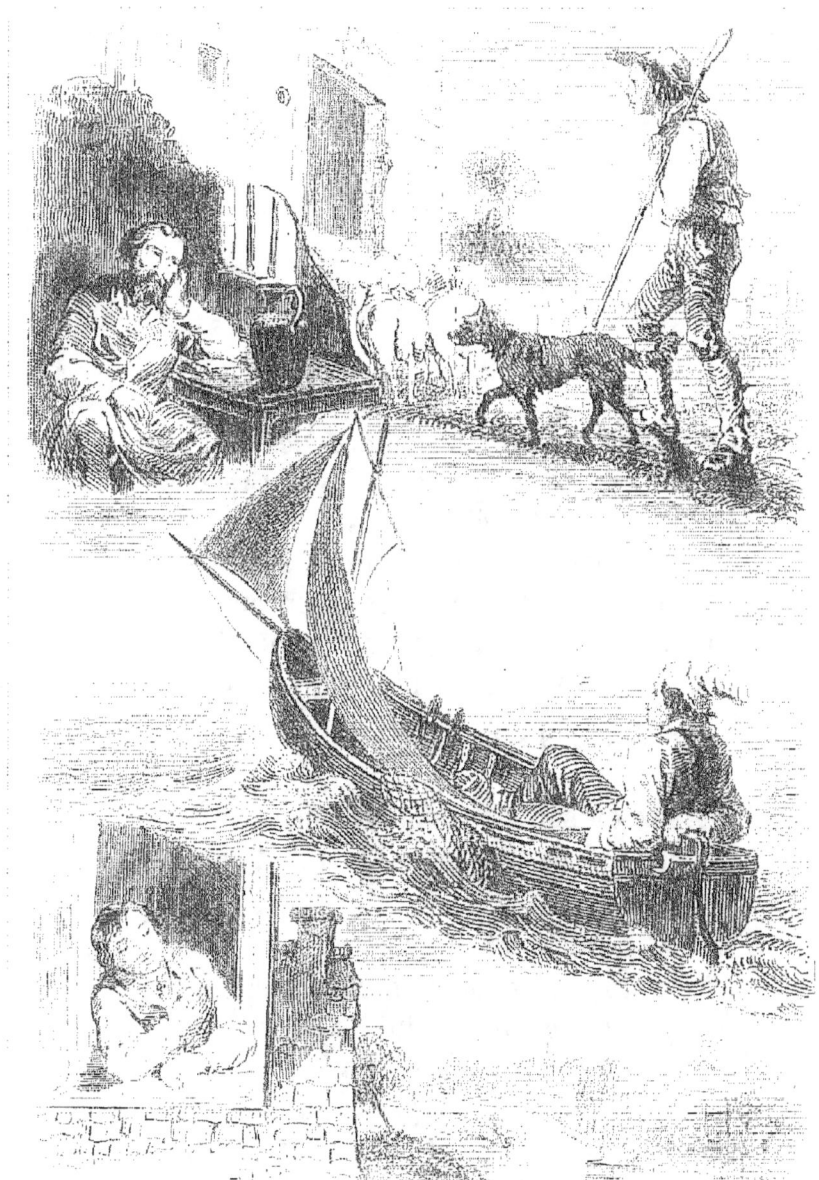

VESPER.

Lis enflammé que le soir fait éclore,
Et qui fleuris dans les plaines des cieux,
Lorsqu'en nos champs tout devient incolore,
De tes clartés tu réjouis mes yeux :
Quand le berger voit poindre ta lumière,
Vers le bercail il chasse les troupeaux,
Et, chaque soir, en fermant sa chaumière,
Il chante avant de prendre son repos :

    Au ciel sans voile,
      O mon étoile,
  Astre du soir, luis doucement
  Pour le berger et pour l'amant !

Le malheureux dont la vue est bornée
Aux murs étroits d'une obscure prison,
A ses barreaux, quand finit la journée,
Vient s'accouder et cherche à l'horizon.
Alors, s'il voit aux franges de la nue,
Le doux reflet de ta blanche clarté,
Le prisonnier chante ta bienvenue
Dans ce refrain, par le vent emporté :

    Au ciel sans voile,
      O mon étoile,
  Astre du soir, luis doucement
  Pour le captif et pour l'amant !

Sous d'autres cieux égaré sans boussole,
Le matelot te cherche du regard,
Ton doux aspect le charme, le console,
Et le reporte à l'instant du départ.
Quand il partit, sa chère Madeleine
Lui dit au port, essuyant son œil noir :
Embrassons-nous, et, pour chasser la peine,
Disons souvent à l'étoile du soir :

> Au ciel sans voile,
> O notre étoile,
> Astre du soir, luis doucement
> Et pour l'amante et pour l'amant !

Tout isolé qu'une triste mansarde
Retient captif loin du pays natal,
Dans l'azur clair chaque soir te regarde
Pour oublier que son cœur lui fait mal ;
Il croit revoir son clocher de village
Par ta lueur mollement effleuré,
Et la rivière où tremble ton image :
Enfin il chante, après qu'il a pleuré !

> Au ciel sans voile,
> Sois mon étoile,
> Pourquoi luirais-tu seulement
> Pour le berger et pour l'amant ?

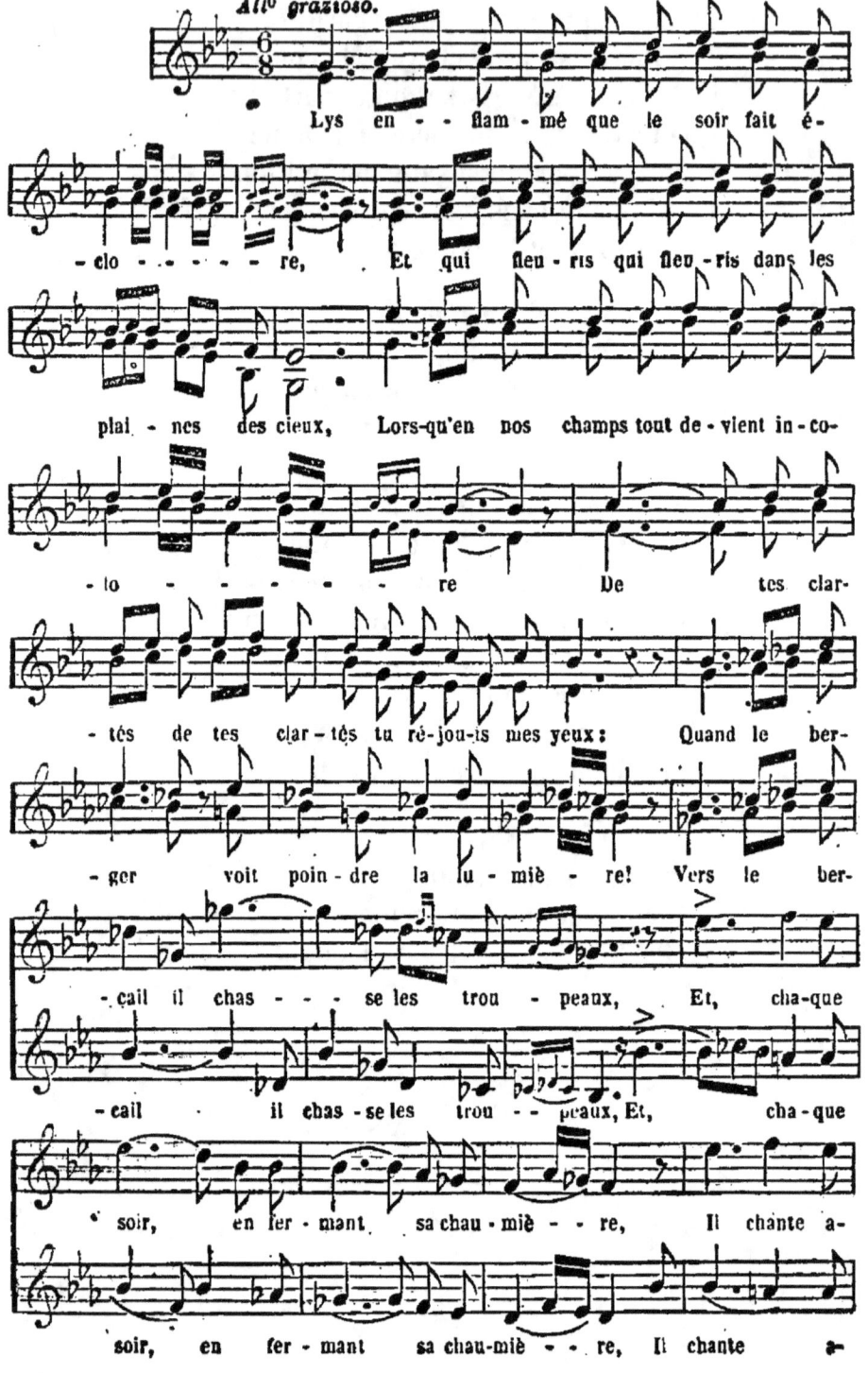

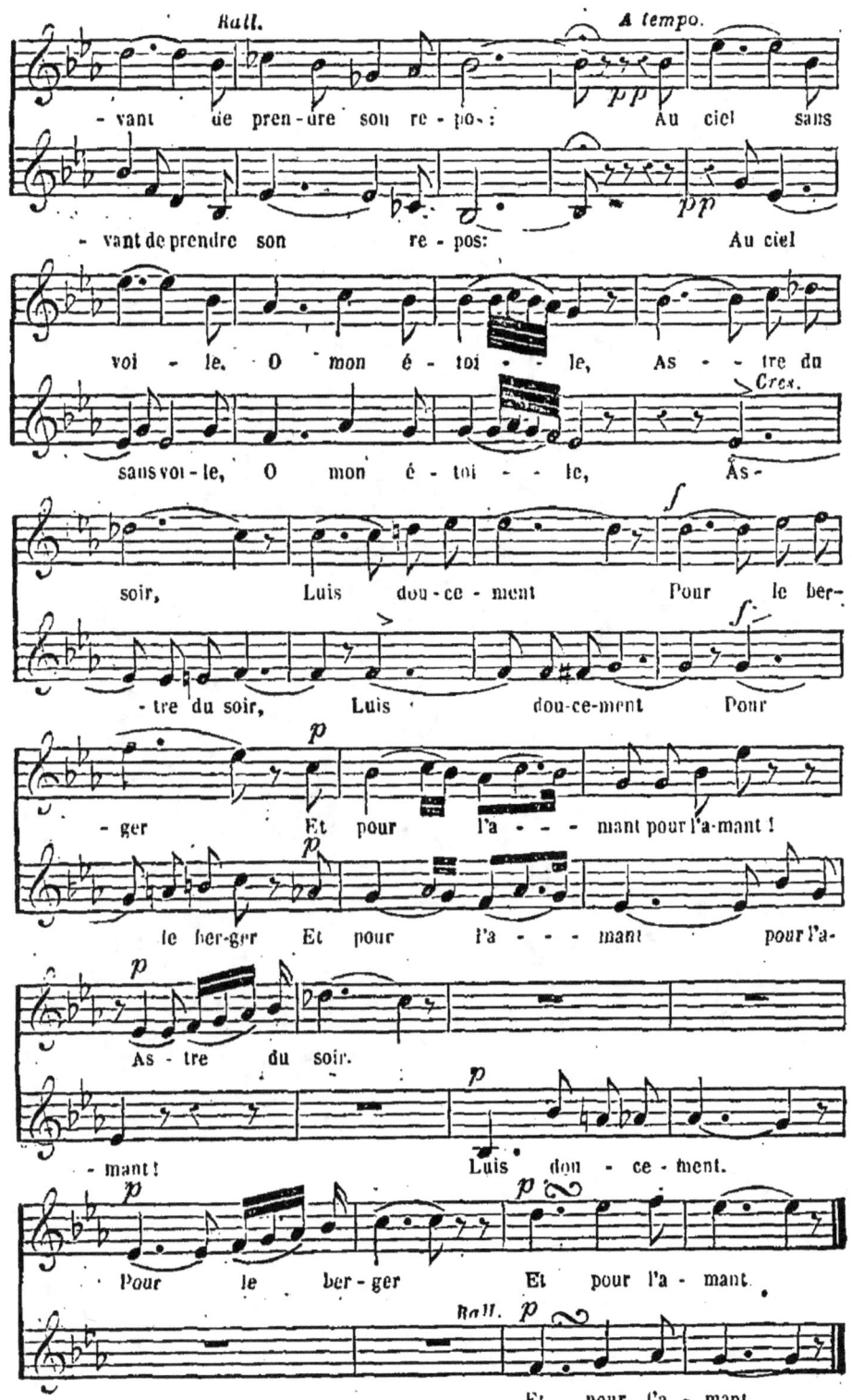

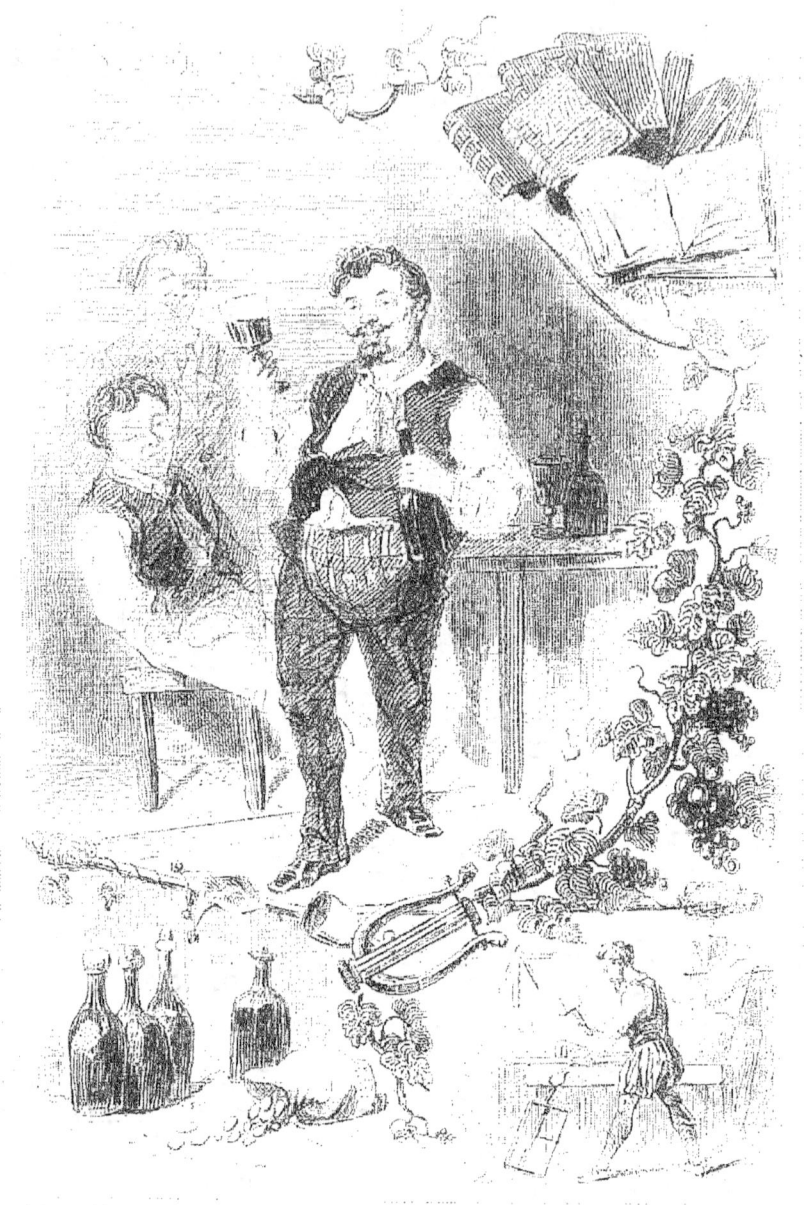

ENTRÉE AU CAVEAU.

1844.

Maître Adam que mon grand père
Appelle encor son patron,
Je te choisis pour compère;
Fais-moi boire au biberon.
Apprends-moi bien la science
De boire mon vin sans eau,
Et que dans un mois ma panse
Soit large comme un tonneau.

Je veux, dans la confrérie
De nos illustres buveurs,
Avoir la trogne fleurie
Pour mériter leurs faveurs.
Je laisse à d'autres la gloire
Qui tenaille le cerveau;
Car, avant tout, c'est pour boire
Que je descends au caveau.

Demain je fais une vente
De mes livres, en plein vent;
Je ne veux sur ma soupente
Ni rimailleur, ni savant.
J'excepte de la bagarre
Tout rimeur buveur et fier
Qui s'est raillé du Ténare,
Qui se raille de l'enfer.

Des écus de la recette
Je n'irai pas m'amuser
A remplir une cassette ;
Je veux d'abord me griser.
Et puis je cours en Bourgogne,
Choisir aux meilleurs coteaux,
De ces vins qui, sans vergogne,
Grisaient l'abbé de Cîteaux.

Ah ! sortons de dessous terre,
Mes bons amis du caveau,
Et fondons un monastère,
Un monastère nouveau !
Le temps est à la prêtrise ;
Prenons les petits collets,
Et que chez nous on se grise
Comme au temps de Rabelais !

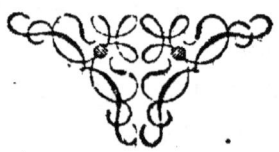

ENTRÉE AU CAVEAU.

MUSIQUE DE LA CHANSON DE MAÎTRE ADAM.

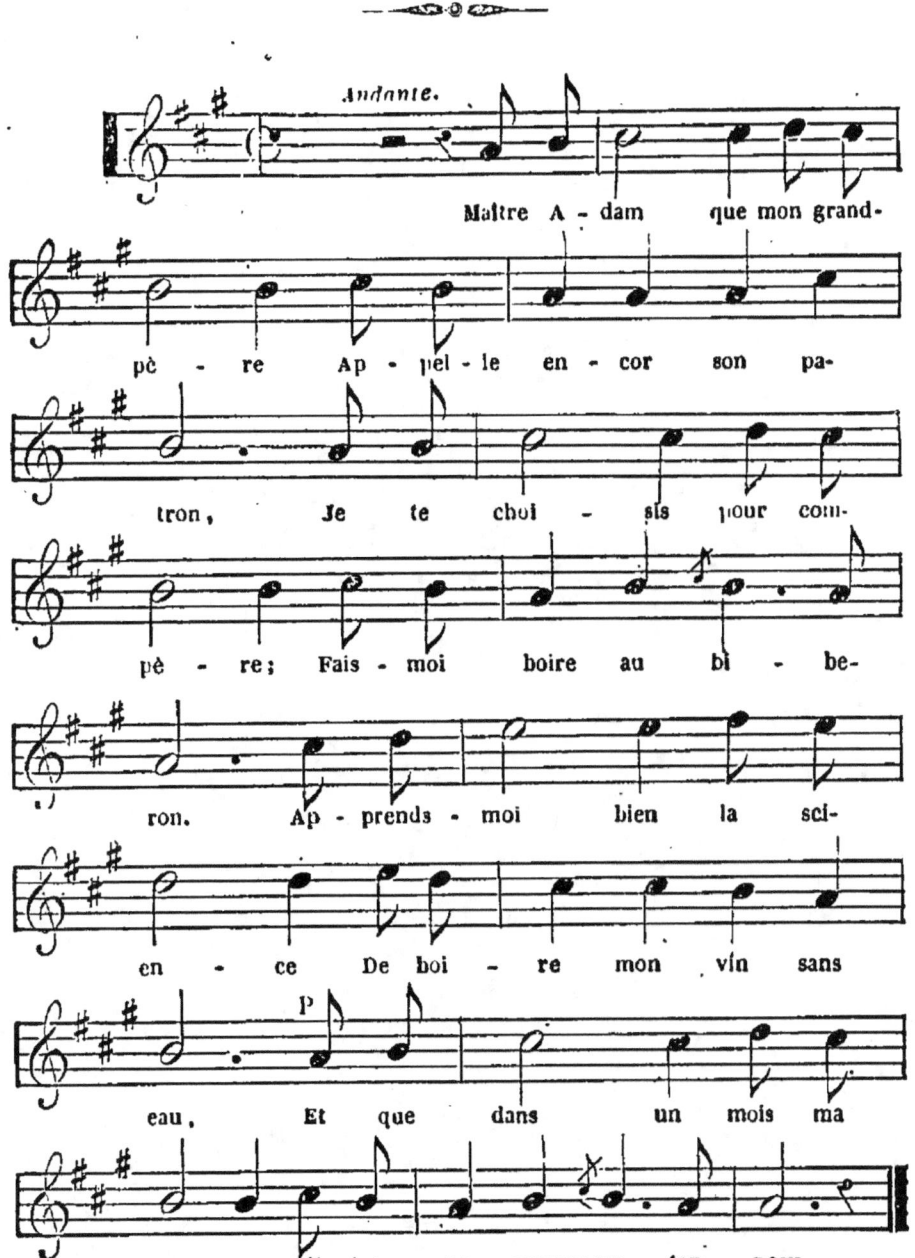

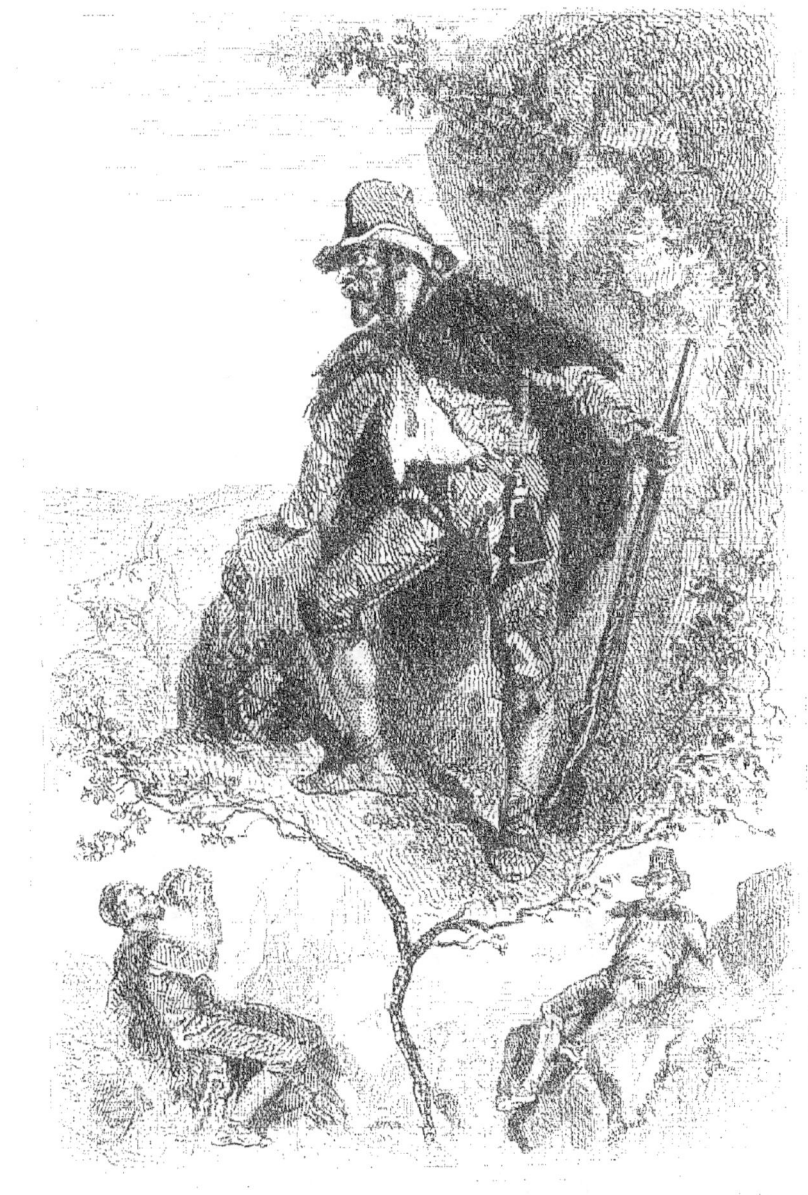

LE ROI DE LA ROCHE.

Je suis roi de la roche,
On tremble à mon approche.

J'ai mon troupeau pour me nourrir,
Mon troupeau de chèvres errantes;
Et leur lait, qui ne peut tarir,
Sent le thym et les amarantes.
Un brigand du pays voisin,
Pour un peu de lait de ces chèvres,
Chaque soir approche à mes lèvres
    Son outre de vin.

Je suis roi de la roche,
On tremble à mon approche.

La montagne abonde en chevreuil;
Malheur au gibier qui s'arrête
A la distance de mon œil;
J'ai toujours une balle prête.
Je suis bon pour un coup de main,
Et les brigands de la contrée
Me font partager la curée,
    Sur le grand chemin.

Je suis roi de la roche,
On tremble à mon approche.

J'ai des refrains et des chansons
Pour les bergères des collines
Qui cueillent parmi les buissons
Les mûres et les avelines.
Ma voix est un souffle du mal,
Malheur à celle qui m'écoute!
Mon chant lui verse goutte à goutte
    Un philtre infernal.

Je suis roi de la roche,
On tremble a mon approche.

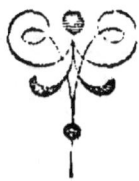

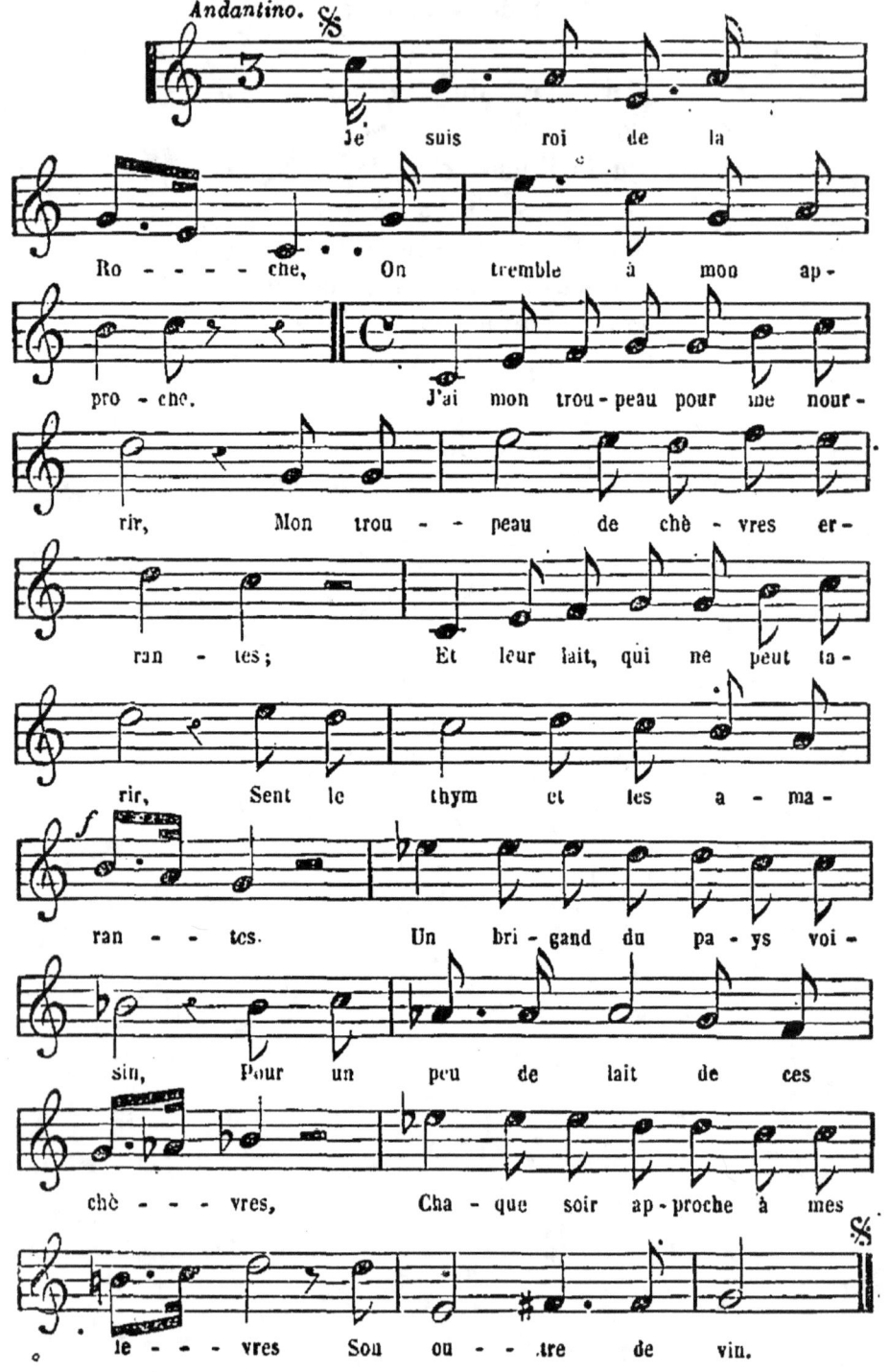

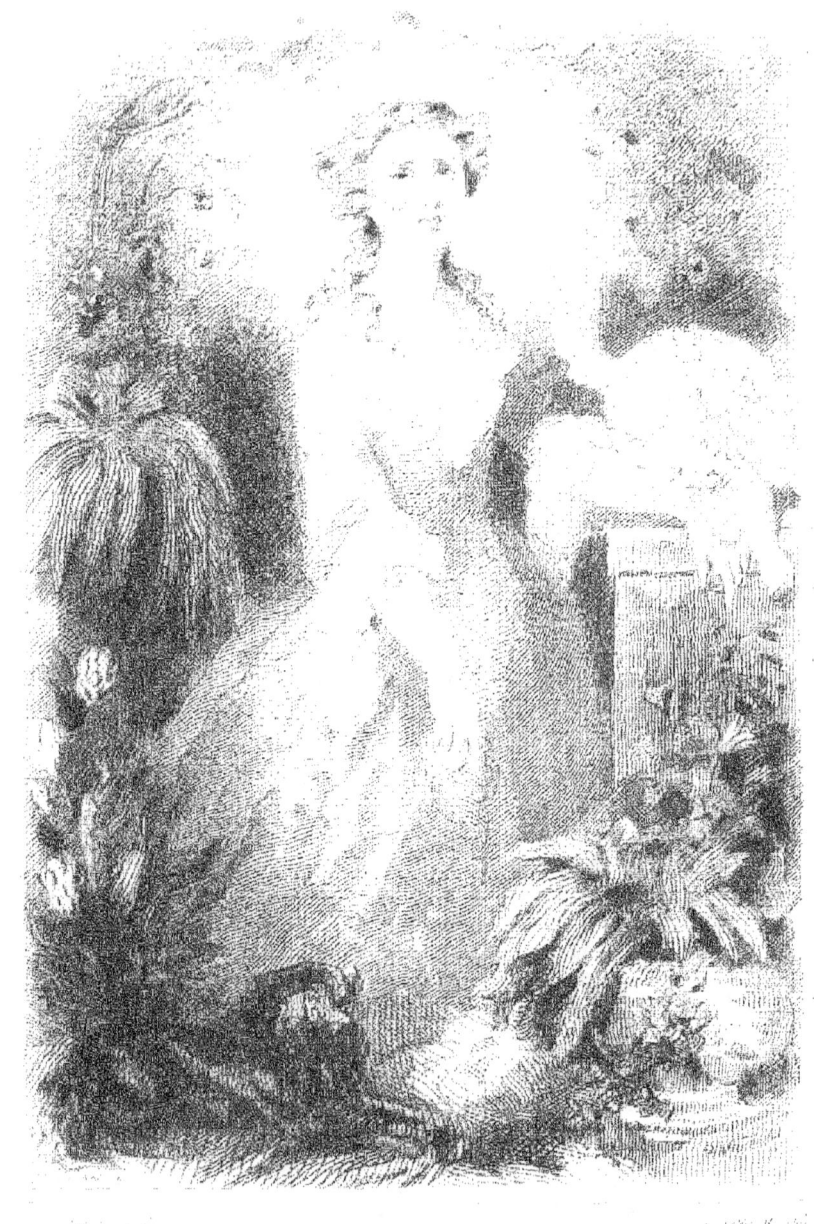

LE VAGUE.

Dans le vague où je suis plongée
Et dans les intimes douleurs,
Je ne suis jamais soulagée
Que par mes soupirs et mes pleurs :
Au milieu du luxe où je nage,
Sur mes lèvres étincelant
Comme un éclair dans un nuage,
Mon rire n'est qu'un faux semblant.

   O recherche incertaine !
   O problème fatal !
   Ah ! que grande est ma peine
   A chercher l'idéal.

Rien ne me charme et ne m'attire
Parmi les choses que je vois,
Et c'est à peine si j'admire
La voûte du ciel ou des bois,
Quand j'erre dans les avenues
De mon parc aux arbres taillés,
Je rêve par delà les nues
Des horizons plus émaillés.

O recherche incertaine!
O problème fatal!
Ah! que grande est ma peine
A chercher l'idéal.

Des fleurs si rares de mes serres
Je n'ai plus souci désormais,
Ni des hôtes de mes volières,
Ni tant de choses que j'aimais.
Je verrais sans pleurer la perte
De mes oiseaux de paradis,
Et de toi, ma perruche verte,
Qui répète ce que je dis!

O recherche incertaine!
O problème fatal!
Ah! que grande est ma peine
A chercher l'idéal.

Que me fait ma jument de race
Dont l'œil noir est plein de douceur,
Vite comme le vent qui passe,
Qui m'aime à l'égal d'une sœur;
Que me font ma colombe blanche,
Mon angora, mon épagneul?
Qu'avec eux je joue et m'épanche,
Mon cœur n'en reste pas moins seul.

O recherche incertaine!
O problème fatal!
Ah! que grande est ma peine
A chercher l'idéal.

Au sein de la foule dorée
Qui tourbillonne autour de moi,
Et m'appelle son adorée,
Plus d'un veut m'engager sa foi ;
Lequel choisir, lequel est digne,
De cet amour illimité ?
Qui veut être pur comme un cygne
Et durer une éternité ?

O recherche incertaine !
O problème fatal !
Ah ! que grande est ma peine
A chercher l'idéal.

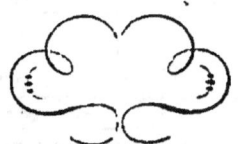

LE VAGUE.

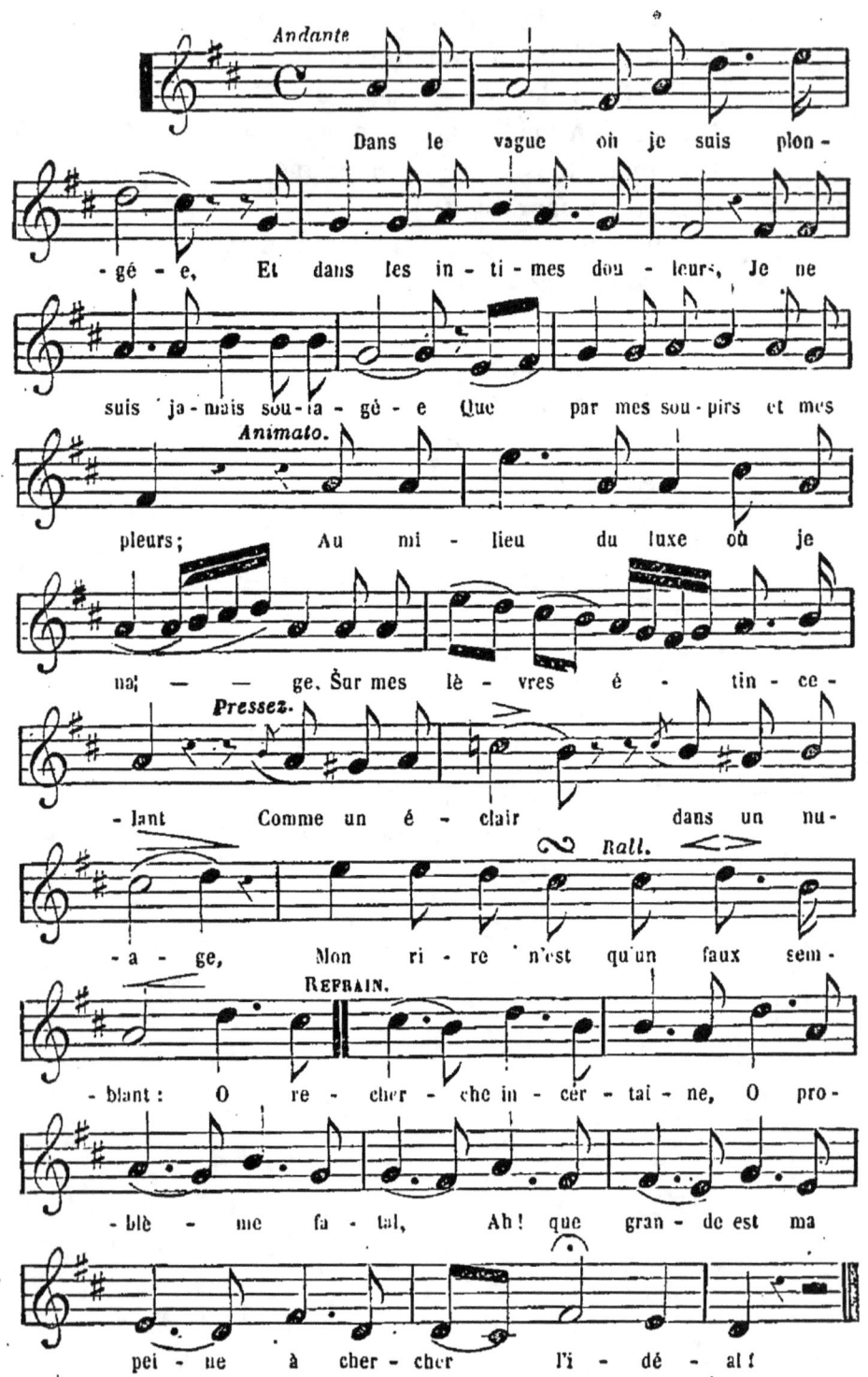

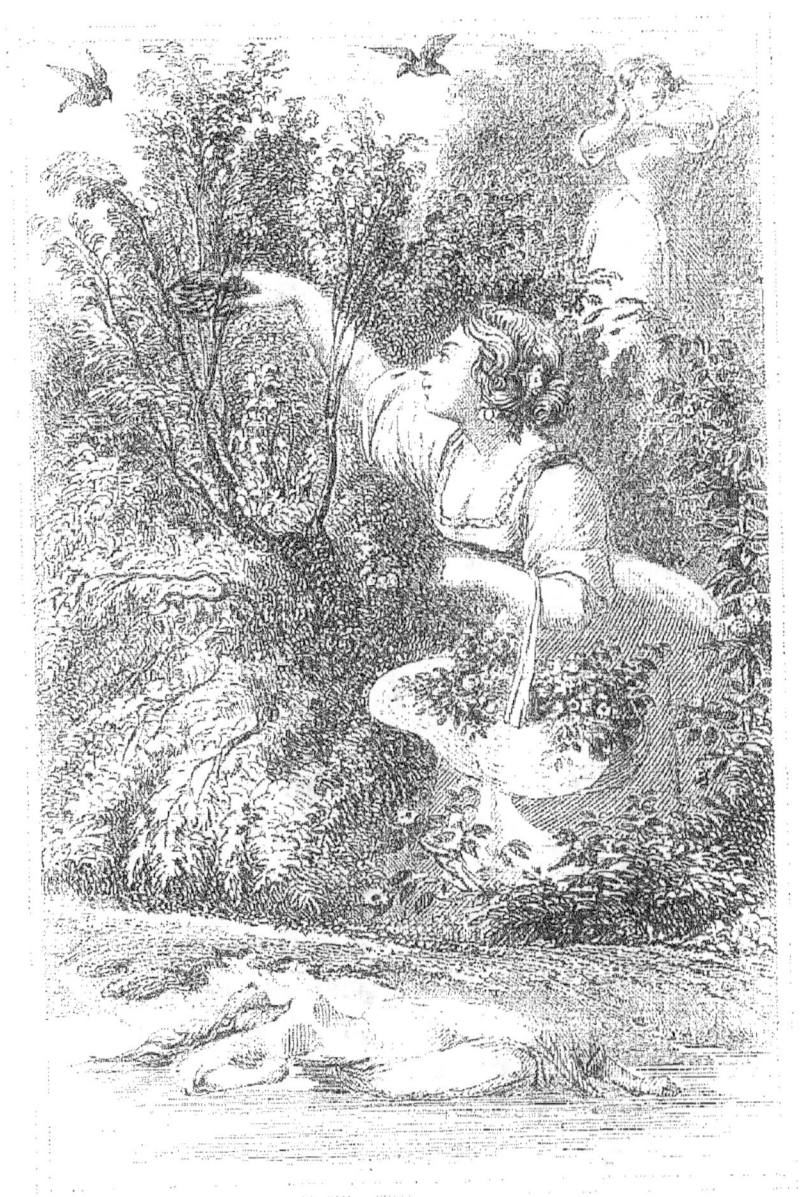

LA JEUNE FILLE D'ISRAËL.

LA JEUNE FILLE D'INSPRUCK.

Sur la haute branche
De l'épine en fleurs,
La fauvette épanche
Au vent ses douleurs.

Le matin, elle avait encore
Un nid au-dessus des buissons,
Un nid qui jetait à l'aurore
Sa part de joyeuses chansons :
Mais, depuis l'aube, une ingénue
Aimant les fleurs, aimant les nids,
Jusqu'à ces buissons est venue
Où nids et fleurs sont réunis.

Sur la haute branche
De l'épine en fleurs,
La fauvette épanche
Au vent ses douleurs.

La vierge à l'humeur enfantine,
Capricieuse dans ses vœux

Cueillit d'abord de l'aubépine
Pour en mêler à ses cheveux ;
Le nid de la branche élevée
Excita son jeune désir.
Hélas ! l'innocente couvée
A gazouiller prenait plaisir.

Sur la haute branche
De l'épine en fleurs,
La fauvette épanche
Au vent ses douleurs.

Voyant que la branche était haute,
L'enfant se pendit aux rameaux,
Sans songer que c'est une faute
D'arracher aux nids leurs oiseaux.
La mère s'était envolée,
De ses plaintes remplissant l'air.
Or, sous l'aubépine étoilée,
Dormait un lac profond et clair.

Sur la haute branche
De l'épine en fleurs,
La fauvette épanche
Au vent ses douleurs.

En atteignant au nid de mousse
Son beau corps avait fait ployer
L'aubépine, dont la secousse
La fit tomber et se noyer.
Le soir on l'avait retrouvée
Sous l'azur, sur le sable d'or.

Tenant encore la couvée,
Elle semblait vivante encor.

Sur la haute branche
De l'épine en fleurs,
La fauvette épanche
Au vent ses douleurs

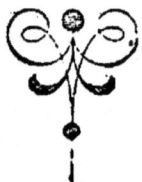

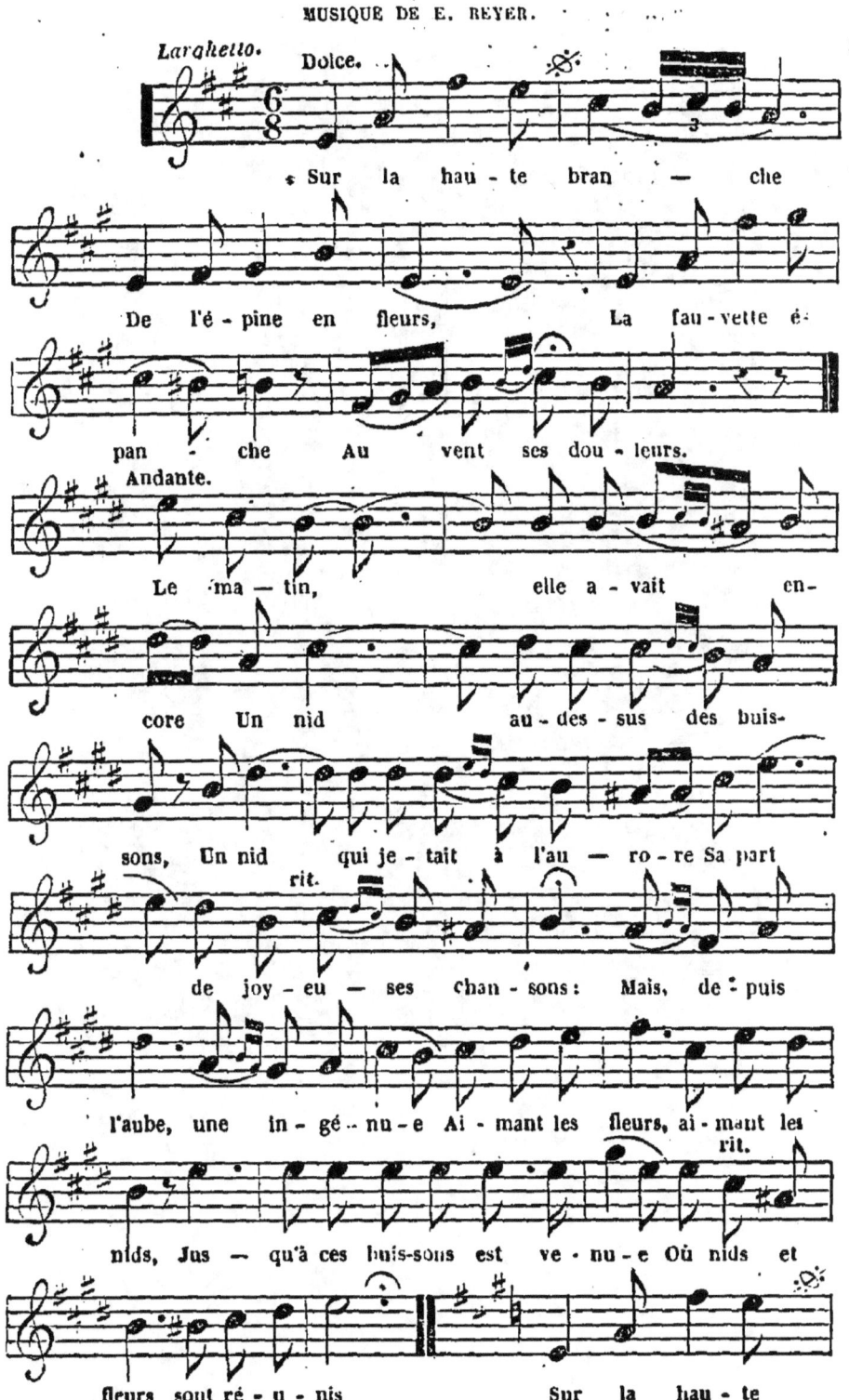

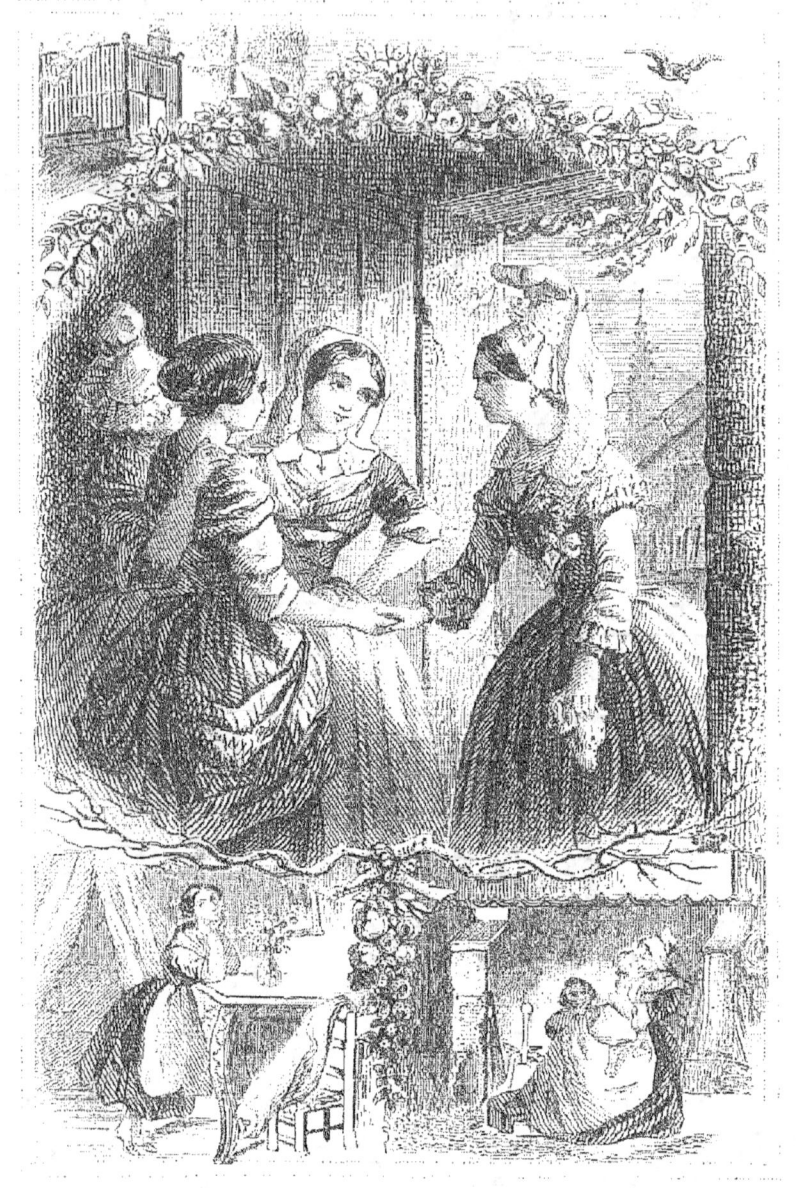

ADIEUX DE LA MARIÉE.

ADIEUX DE LA MARIÉE.

Je viens vous faire mes adieux,
Moitié triste, moitié contente,
Du milieu de vous je m'absente,
Chères compagnes de mes jeux.
C'est le sort de toutes ; chacune
Un matin quitte la maison,
Pour suivre en tous lieux le garçon,
Qu'il fasse nuit ou clair de lune ;

Chacune me suivra plus tard ;
Ne me regrettez point, fillettes :
Accompagnez mon gai départ
De chansons et de chansonnettes.

Adieu ma couchette au blanc ciel
Toujours fraîche et toujours parée,
A quatre épingles étirée
Comme la nappe d'un autel ;
La nuit, quand, les fenêtres closes,
La pluie à mes vitres battait,
Mon cœur allait et ressautait
Comme une mouche dans les roses.

Chacune me suivra plus tard ;
Ne me regrettez point, fillettes :
Accompagnez mon gai départ
De chansons et de chansonnettes.

Adieu les fleurs et les oiseaux !
Adieu les fraises, les noisettes,
Et rondes aux sons des musettes,
Souliers fins et petits ciseaux !
Dès demain je serai fermière,
Peut-être mère avec le temps :
Pour soigner les petits enfants
Nous emmènerons la grand'mère.

Chacune me suivra plus tard ;
Ne me regrettez point, fillettes :
Accompagnez mon gai départ
De chansons et de chansonnettes.

ADIEUX DE LA MARIÉE.

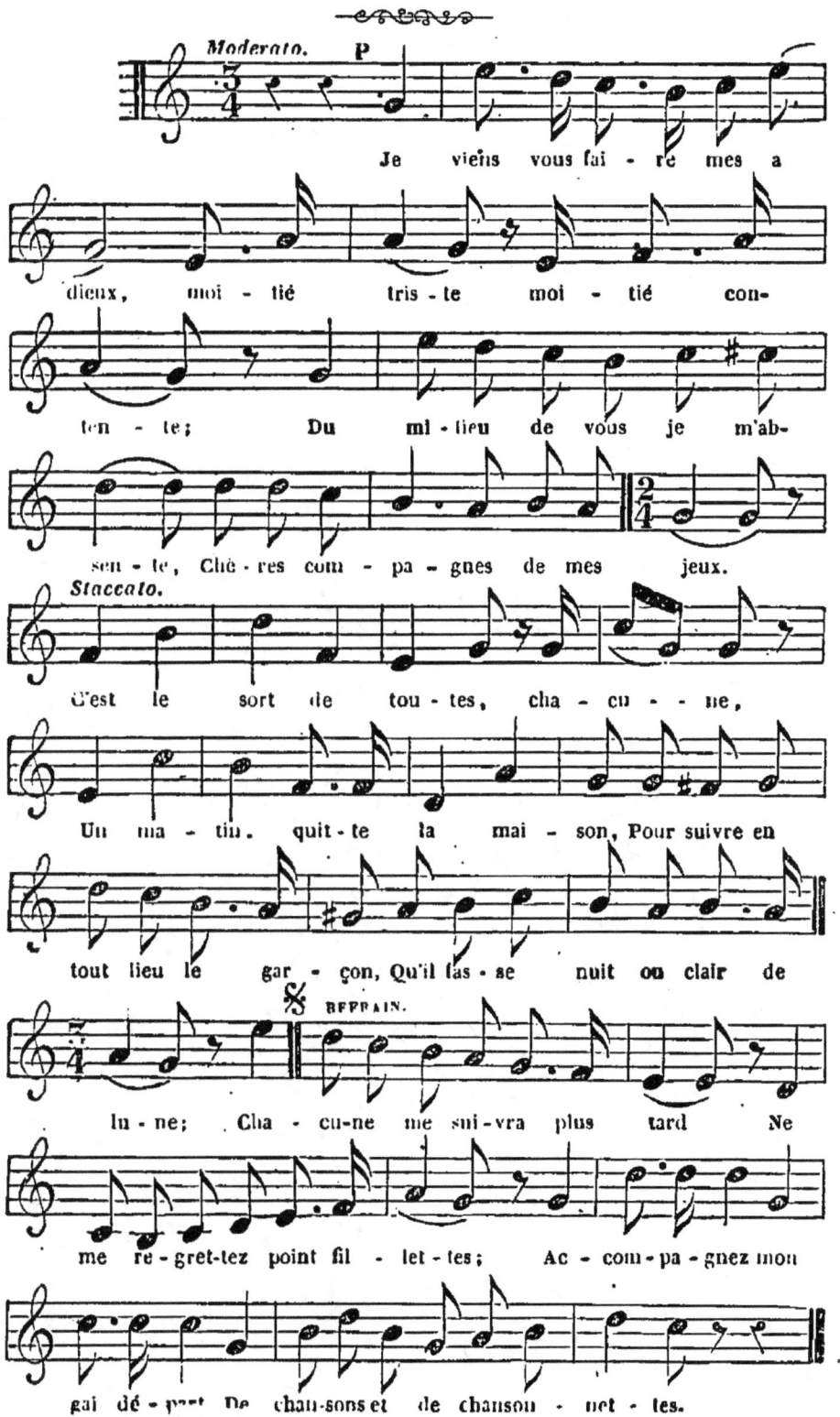

Je viens vous faire mes adieux, moitié triste moitié contente; Du milieu de vous je m'absente, Chères compagnes de mes jeux. C'est le sort de toutes, chacune, Un matin quitte la maison, Pour suivre en tout lieu le garçon, Qu'il fasse nuit ou clair de lune; Chacune me suivra plus tard Ne me regrettez point fillettes; Accompagnez mon gai départ De chansons et de chansonnettes.

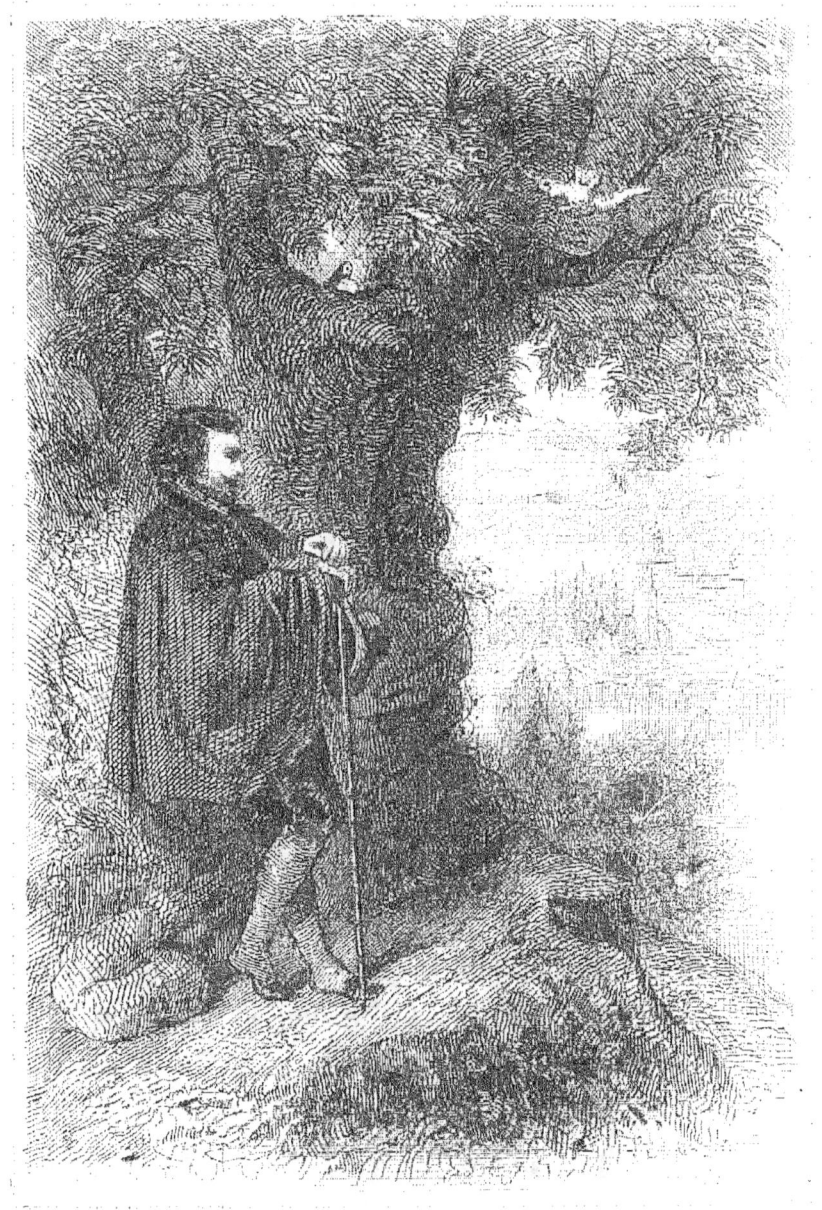

LES BORDS DE LA SAONE.

Briller dans les cités
N'est point ce que j'envie;
Mais aux bords enchantés
Où j'essayai la vie
Comme un oiseau sa voix,
Qu'un soir ma vie éteinte
Tombe comme la plainte
D'un oiseau dans les bois :

Oh! qui me rendra tes rivages,
Saône que j'aime, et tes ombrages
De peupliers,
Où les colombes si fidèles
Appelaient en battant des ailes
Leurs doux ramiers?

Oh! comme j'aimerais,
Sous tes vertes saulées,
Goûter l'ombre et le frais,
En entendant mêlées

Au bruit de leurs troupeaux,
Les chansons des bergères
Que ces lieux solitaires
Invitent au repos.

Oh! qui me rendra tes rivages,
Saône que j'aime, et tes ombrages
    De peupliers,
Où les colombes si fidèles
Appelaient en battant des ailes,
    Leurs doux ramiers?

Hélas! loin de tes bords
La fortune m'exile.
Que n'ai-je ses trésors!
Pour ton eau si tranquille,
On verrait mon esquif
Fuir l'océan du monde
Qui cache sous son onde
Le dangereux récif.

Oh! qui me rendra tes rivages,
Saône que j'aime, et tes ombrages
    De peupliers,
Où les colombes si fidèles
Appelaient en battant des ailes,
    Leurs doux ramiers?

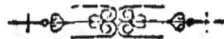

LES BORDS DE LA SAONE.

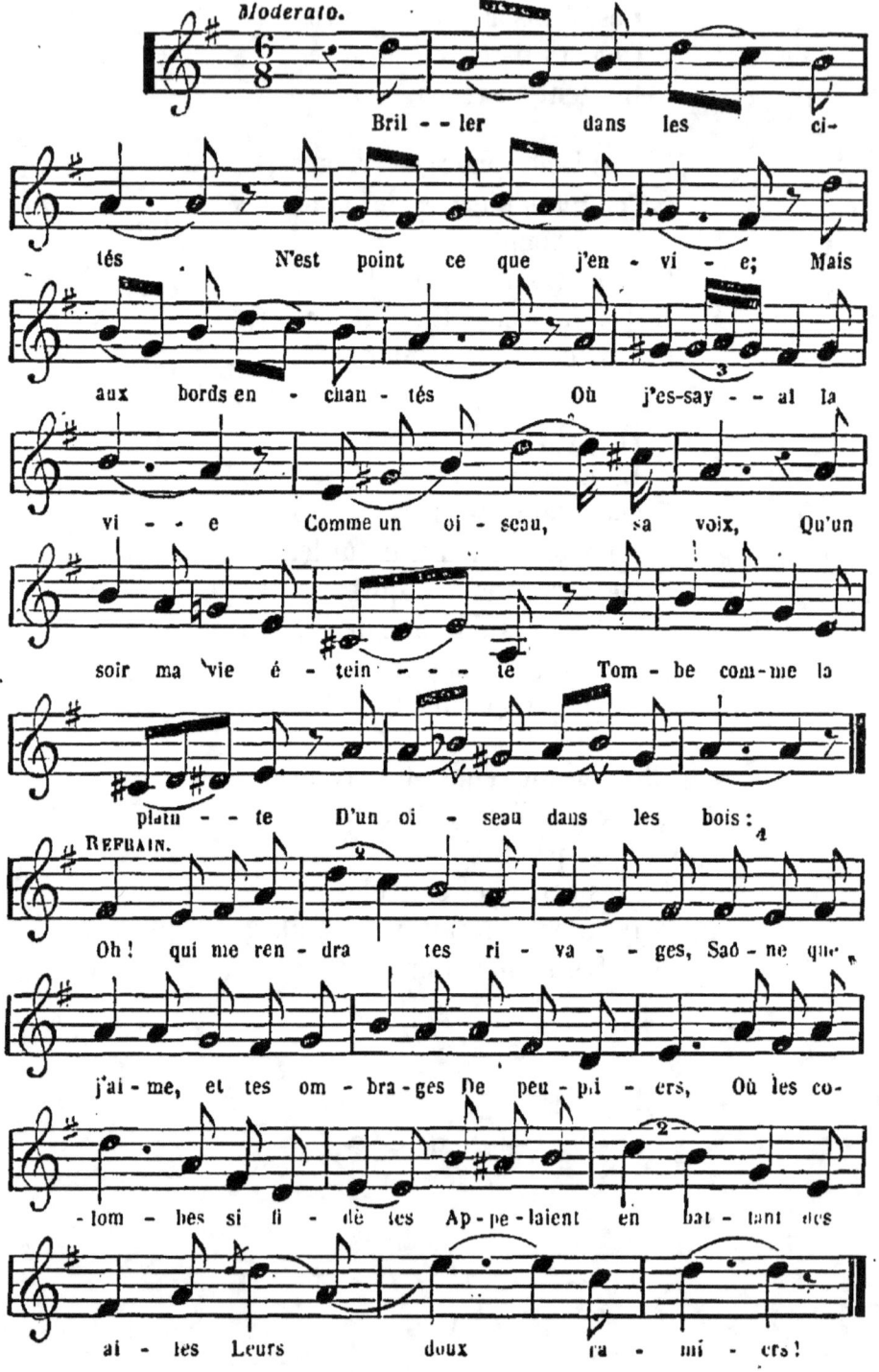

LA ROYAUTÉ.

1849.

Le temps n'est pas loin, je l'espère,
Où chaque enfant, de bonne foi,
Ira demander à son père
Ce que c'était, jadis qu'un roi ;
Mais lui répondra, non sans peine,
Débrouillant le fil des vieux ans :
« Un roi c'était Croquemitaine !
« Il effrayait les grands enfants. »

De la royauté le fantôme
Est à jamais évanoui ;
Ainsi la cuirasse et le heaume
Se rouillent dans l'ombre et l'oubli.

Se peut-il qu'aux mains d'un seul maître
Un peuple amoureux des liens
Ait jadis enchaîné son être,
Son honneur, sa vie et ses biens ;
Qu'il ait, de son épargne lente
Grossissant le royal trésor,
Sur une tête aussi branlante
Posé le diadème d'or ?

De la royauté le fantôme
Est à jamais évanoui ;
Ainsi la cuirasse et le heaume
Se rouillent dans l'ombre et l'oubli.

Faut-il qu'une seule famille
Des autres prenne tous les droits,
Et seule dans la pourpre brille,
Montant les plus blancs palefrois ;
Que toute autre marche à distance,
S'échelonne et prenne son rang,
Suivant qu'elle a plus d'importance
Ou de noblesse dans le sang.

De la royauté le fantôme
Est à jamais évanoui ;
Ainsi la cuirasse et le heaume
Se rouillent dans l'ombre et l'oubli.

On ne peut plus chanter en France
Les rois s'en vont, ils sont partis !
Et leur mensongère espérance
N'est plus que le mal du pays.
Voyons s'il restait à ces branches
Quelques fruits ou quelques vertus,
Les scieurs de long font des planches
Avec les chênes abattus.

De la royauté le fantôme
Est à jamais évanoui ;
Ainsi la cuirasse et le heaume
Se rouillent dans l'ombre et l'oubli.

Malgré leur mollesse et leurs vices
Qu'on voit pulluler parmi nous,
Les rois ont rendu des services
Dont il faut nous montrer jaloux.
La féodalité vaincue
Fut par leurs soins mise à néant,
Maint vieux créneau porte à la nue
Le dernier soupir du géant.

De la royauté le fantôme
Est à jamais évanoui ;
Ainsi la cuirasse et le heaume
Se rouillent dans l'ombre et l'oubli.

Nos féodaux seraient les princes
Qui se disputent les débris
Des empires ou des provinces
Et les derniers serfs du pays.
A chaque fois que leur lignée
Tenta notre asservissement,
On a vu la France indignée
Prononcer leur bannissement.

De la royauté le fantôme
Est à jamais évanoui ;
Ainsi la cuirasse et le heaume
Se rouillent dans l'ombre et l'oubli.

De la royauté qui s'envole
Gardons un loyal souvenir ;
Au père laissons l'auréole,
Aux femmes donnons l'avenir.
Les preux jadis pour leur marraine
Se montraient gaîment querelleurs,
Que chez nous la beauté soit reine,
Portons vaillamment ses couleurs.

De la royauté le fantôme
Est à jamais évanoui,
Ainsi la cuirasse et le heaume
Se rouillent dans l'ombre et l'oubli.

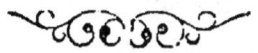

LA ROYAUTÉ.

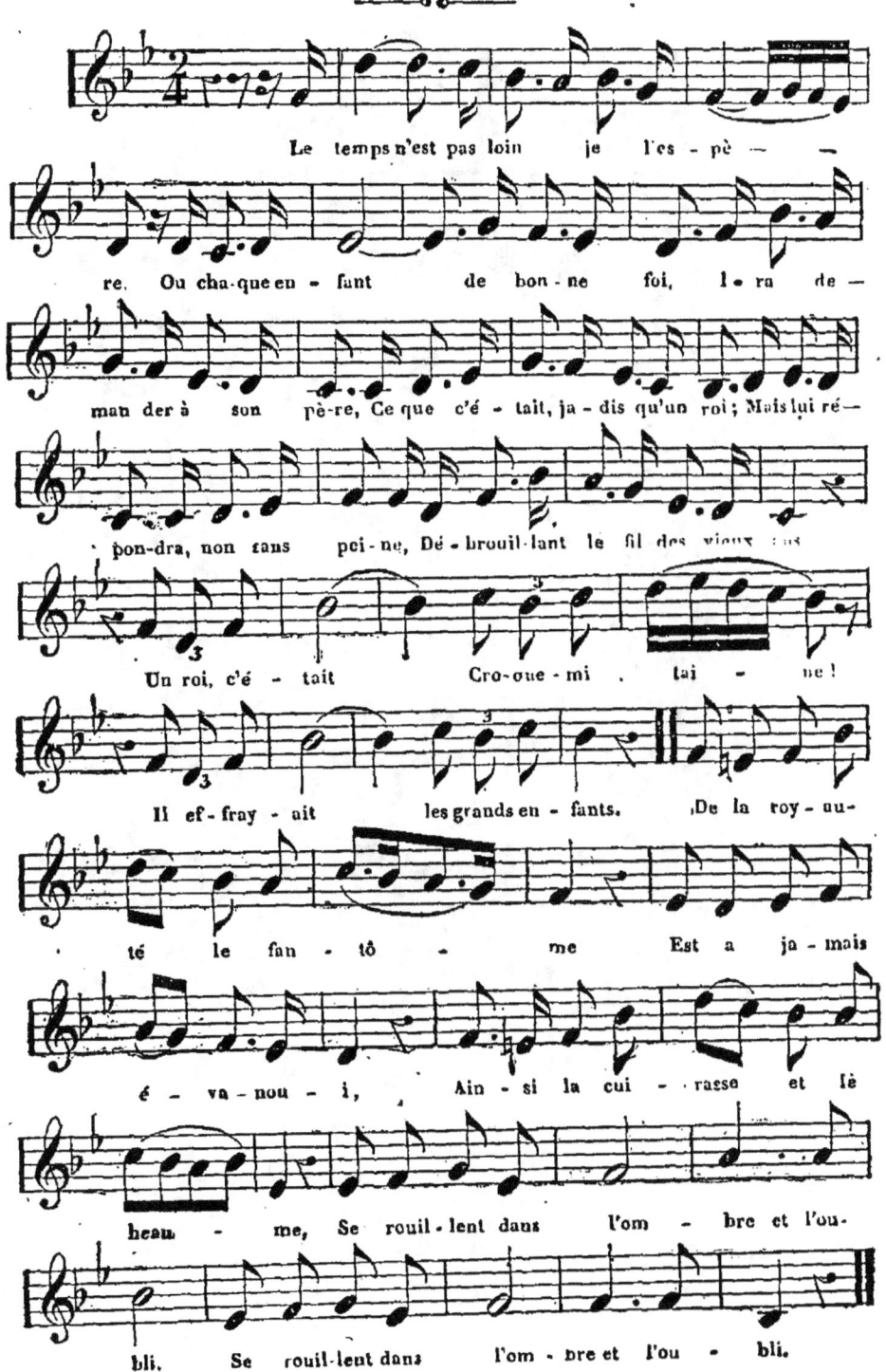

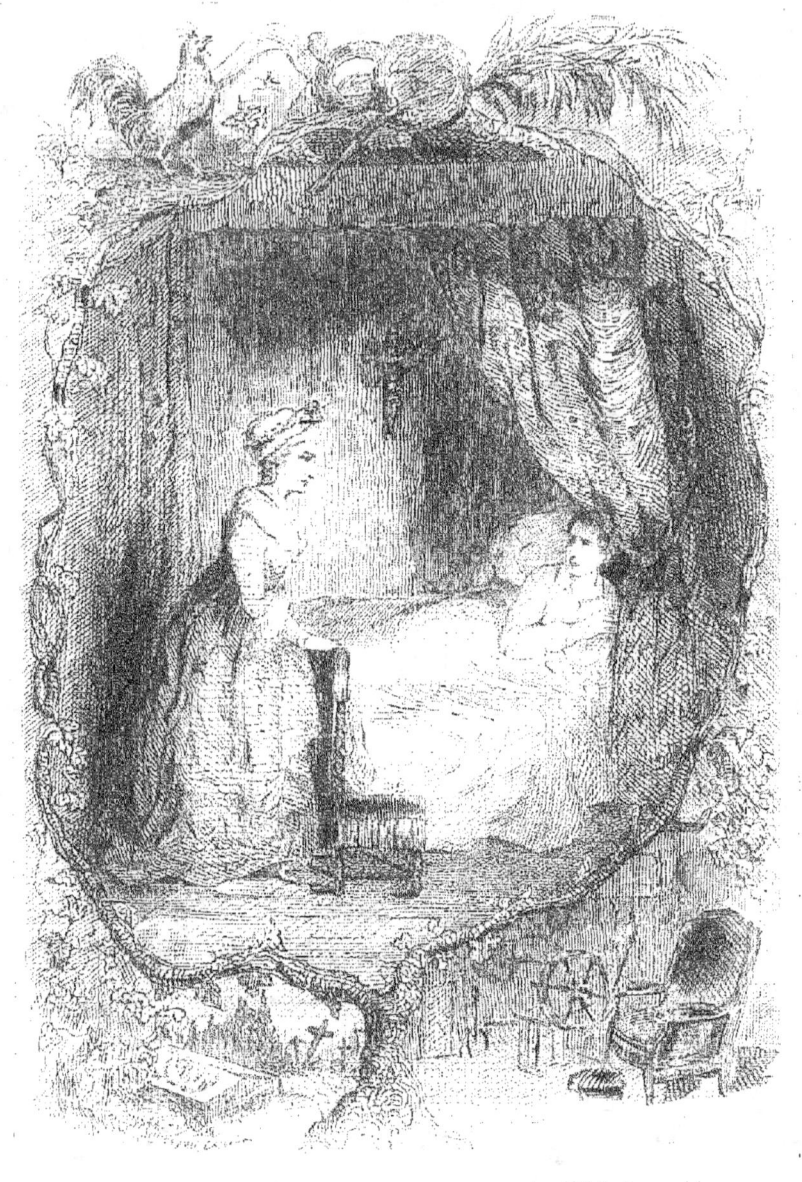

MON AIEULE.

Je ne crois pas qu'elle soit morte,
Ma belle aïeule aux cheveux blancs ;
Chaque soir, elle ouvre ma porte,
Et vers mon lit vient à pas lents :
Seulement je la vois plus belle ;
L'azur vif est moins radieux
Que son visage et sa prunelle
Ravivés aux splendeurs des cieux.

Mon aïeule au jeune sourire,
Des cieux lointains votre séjour,
A notre ciel revenez luire
Pour y consoler mon amour.

Quand le coq matinal vous chasse
Et vous renvoie à votre lieu,
Nul autre ne tient votre place
A votre table au coin du feu.
Absente je vous vois encore,
J'entends encore, où vous étiez,
Sous vos doigts le fuseau sonore,
Le rouet bruyant sous vos pieds.

Mon aïeule au jeune sourire,
Des cieux lointains votre séjour,
A notre ciel revenez luire
Pour y consoler mon amour.

Quand mon âme penche inquiète
Entre deux projets hasardeux,
J'attends votre signe de tête
Avant d'oser dire : Je veux !
Aucune erreur ne vous égare,
Victorieuse de la mort,
Et vos yeux doivent être un phare
Qui mène toujours à bon port.

Mon aïeule au jeune sourire,
Des cieux lointains votre séjour,
A notre ciel revenez luire
Pour y consoler mon amour.

Quand ma trame sera tissée,
Quand mon œil jettera mourant
Les vestiges d'une pensée
A l'eau du terrestre torrent,
Au seuil de la vie éternelle,
Mon aïeule, je vous attends,
C'est vous qui pousserez mon aile
A franchir les bornes du temps.

Mon aïeule au jeune sourire,
Des cieux lointains votre séjour,
A notre ciel revenez luire
Pour y consoler mon amour.

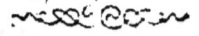

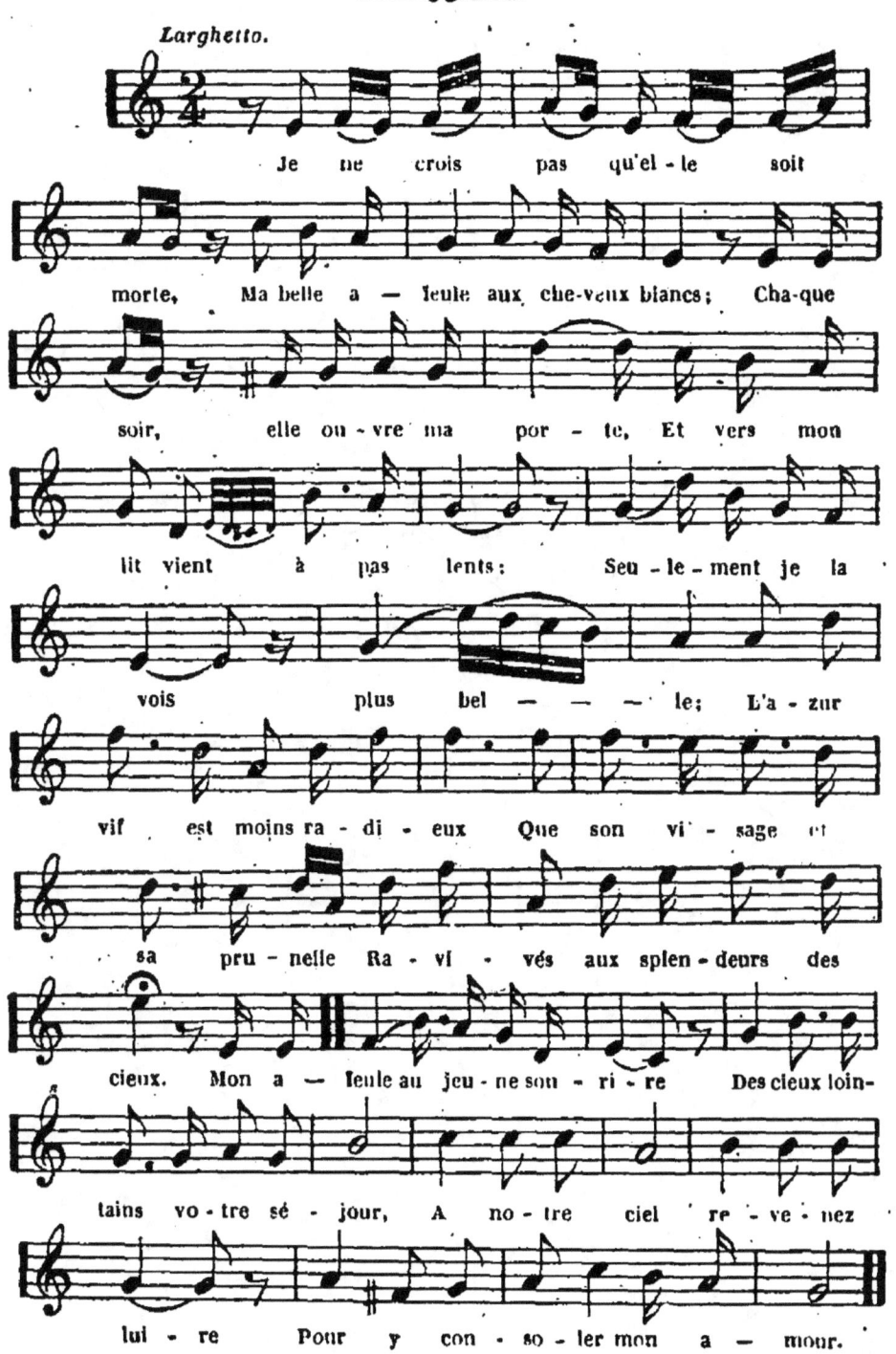

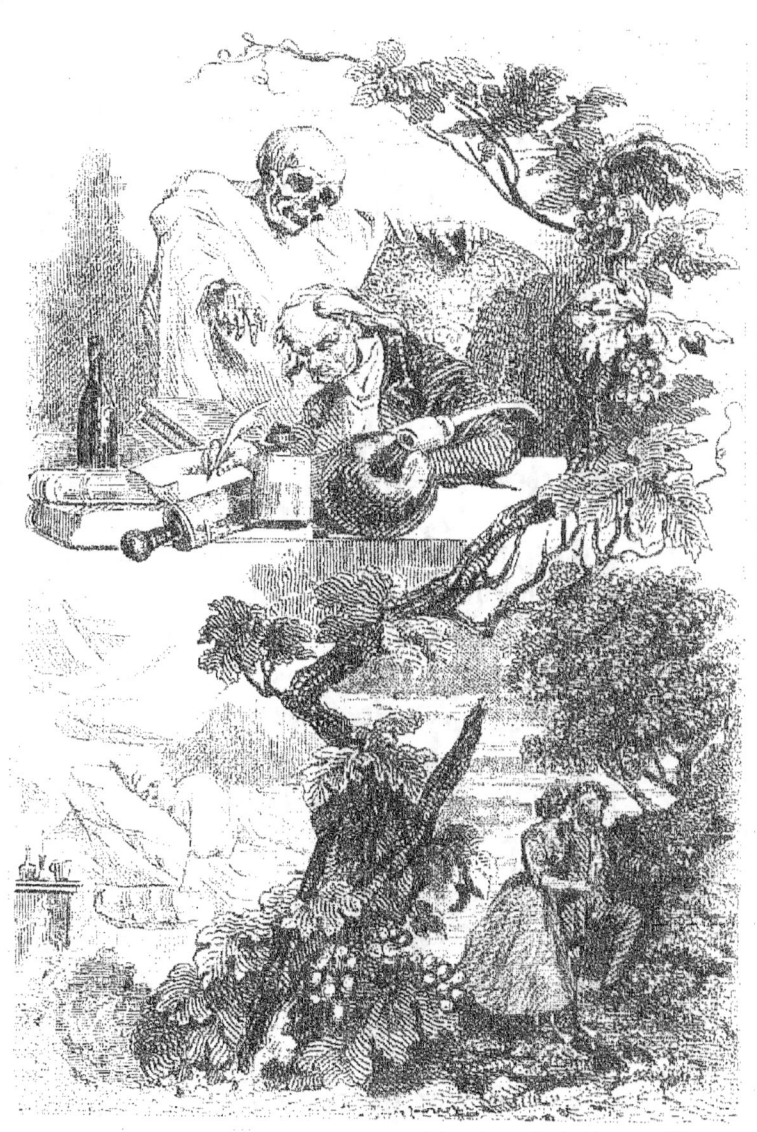

LA MALADIE

LA MALADIE

Ce n'était pas de celle-là
Que je devais périr encore :
J'ai salué la pâle aurore
Des trépassés, et me voilà !

   C'est un gai pèlerinage,
   Quand on en peut revenir,
   Que la maladie : un sage
   En garde un bon souvenir.
   Après la première crise
   Qui fait geindre et crier fort,
   L'ouragan qui loin du port
   Vous battait se change en brise.

Ce n'était pas de celle-là
Que je devais périr encore :
J'ai salué la pâle aurore
Des trépassés, et me voilà !

   De la fièvre qui commence
   Terribles sont les assauts ;
   La tête est comme en démence,
   Le pouls a des soubresauts ;
   Une lanterne magique
   Défile à vos yeux troublés,
   Vivants et spectres mêlés
   Dans une ronde tragique.

Ce n'était pas de celle-là
Que je devais périr encore :
J'ai salué la pâle aurore
Des trépassés, et me voilà !

Dans une chambre bien close
Où l'on marche à petits pas,
La Faculté fait sa glose
Sur un mal que l'on n'a pas ;
La noire sangsue aspire
Le plus pur de votre sang ;
Vous voilà convalescent !
Mais non, votre mal empire.

Ce n'était pas de celle-là
Que je devais périr encore :
J'ai salué la pâle aurore
Des trépassés, et me voilà !

Profitant de votre angoisse,
Comme un chat qui guette un rat,
Le curé de la paroisse
Vient flairer un *libera*.
Là-dessus je me sens brave,
Je me récrie et je dis :
Les clefs de mon paradis,
Ce sont les clefs de ma cave.

Ce n'était pas de celle-là
Que je devais périr encore :
J'ai salué la pâle aurore
Des trépassés, et me voilà !

Que Dieu nous ait en sa garde :
Trinquons, monsieur le curé,
Mais ajournons la camarde
Et votre *miserere*.
Je saurai vous faire signe
Quand il faudra revenir,
Mais avant que de mourir
Je veux voir guérir la vigne.

Ce n'était pas de celle-là
Que je devais périr encore :
J'ai salué la pâle aurore
Des trépassés, et me voilà !

Ce printemps avec ma mie,
Je veux, nous donnant la main,
Voir la couvée endormie
Aux branches de l'aubépin ;
Je veux voir fleurir les roses
Et tout ce qui fleurira ;
Je veux voir ce qu'on verra,
Et nous verrons bien des choses.

Ce n'était pas de celle-là
Que je devais périr encore :
J'ai salué la pâle aurore
Des trépassés, et me voilà !

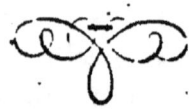

LA MALADIE.

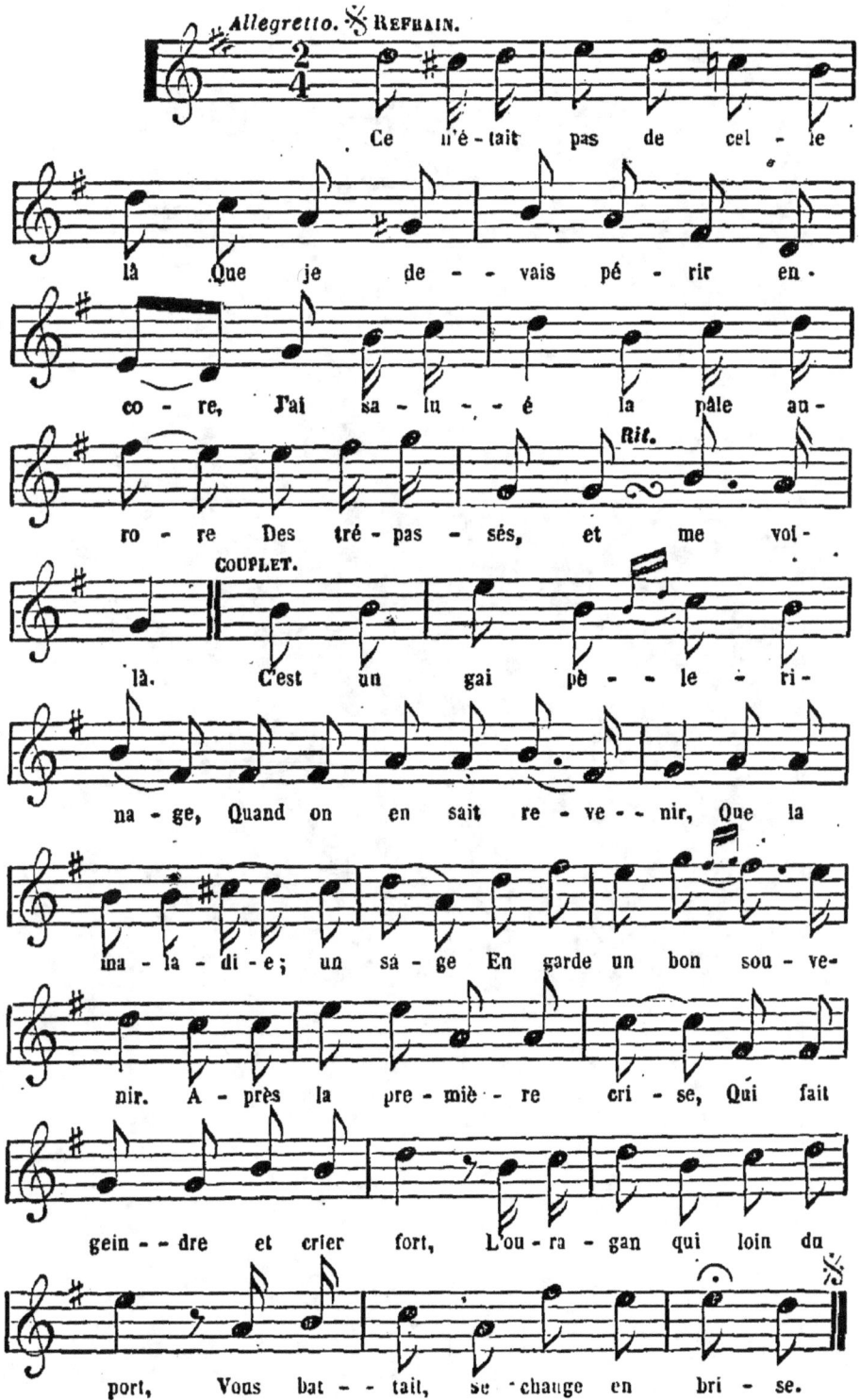

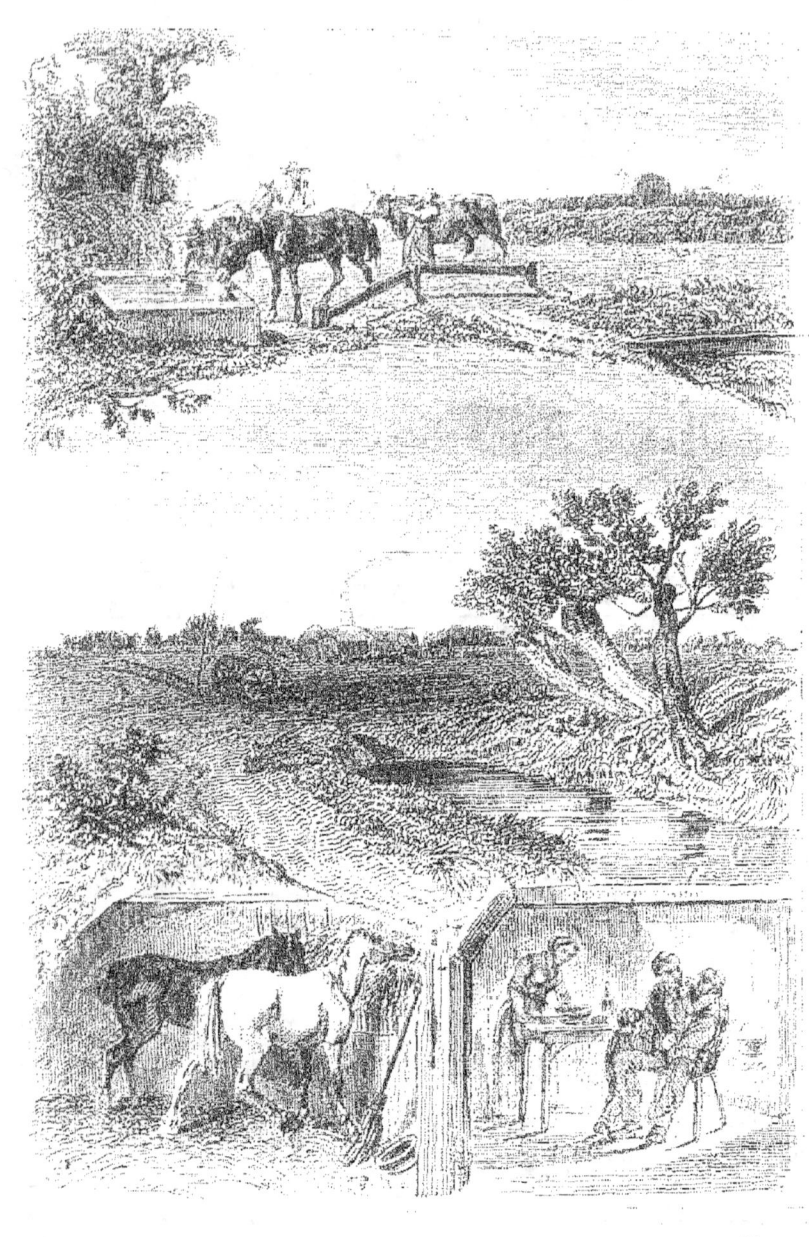

LE REPOS DU SOIR.

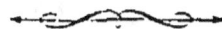

Quand le soleil se couche horizontal,
De longs rayons noyant la plaine immense,
Comme un blé mûr le ciel occidental,
De pourpre vive et d'or pur se nuance ;
L'ombre est plus grande et la clarté s'éteint,
Sur le versant des pentes opposées ;
Enfin le ciel par degré se déteint,
Le jour s'efface en de brumes rosées.

  Reposons-nous !
  Le repos est si doux :
   Que la peine sommeille,
   Jusqu'à l'aube vermeille !

Dans le sillon, la charrue au repos,
Attend l'aurore et la terre mouillée ;
Bergers, comptez et parquez les troupeaux,
L'oiseau s'endort dans l'épaisse feuillée.
Gaules en main, bergères aux doux yeux,
A l'eau des gués mènent leurs bêtes boire ;
Les laboureurs vont délier les bœufs,
Et les chevaux soufflent dans la mangeoire.

Reposons-nous!
Le repos est si doux :
Que la peine sommeille,
Jusqu'à l'aube vermeille !

Tous les fuseaux s'arrêtent dans les doigts :
La lampe brille, une blanche fumée
Dans l'air du soir monte de tous les toits ;
C'est du repas l'annonce accoutumée :
Les ouvriers, si las, quand vient la nuit,
Peuvent partir, enfin la cloche sonne ;
Ils vont gagner leur modeste réduit,
Où sur le feu la marmite bouillonne.

Reposons-nous!
Le repos est si doux :
Que la peine sommeille,
Jusqu'à l'aube vermeille !

La ménagère et les enfants sont là,
Du chef de l'âtre attendant la présence,
Dès qu'il paraît, un grand cri : « le voilà ! »
S'élève au ciel, comme en réjouissance ;
De bons baisers, la soupe, un doigt de vin,
Rendent la joie à sa figure blême ;
Il peut dormir, ses enfants ont du pain,
Et n'a-t-il pas une femme qui l'aime ?

Reposons-nous!
Le repos est si doux :
Que la peine sommeille,
Jusqu'à l'aube vermeille !

Tous les foyers s'éteignent lentement,
Dans le lointain, une usine qui fume
Pousse de terre un sourd mugissement,
Les lourds marteaux expirent sur l'enclume :
Ah! détournons nos âmes du vain bruit
Et nos regards du faux éclat des villes;
Endormons-nous sous l'aile de la nuit,
Qui mène en rond ses étoiles tranquilles!

Reposons-nous!
Le repos est si doux :
Que la peine sommeille,
Jusqu'à l'aube vermeille!

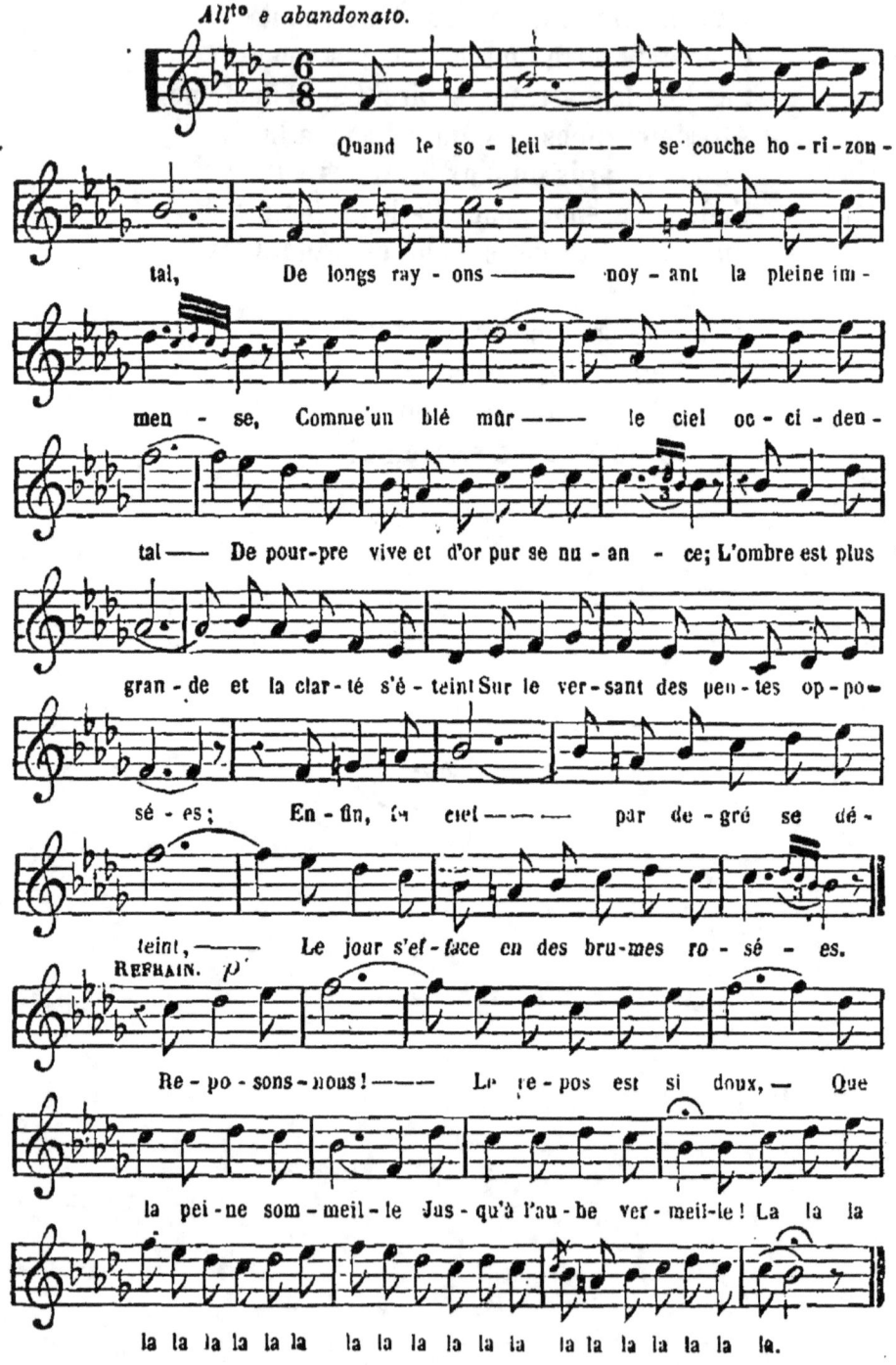

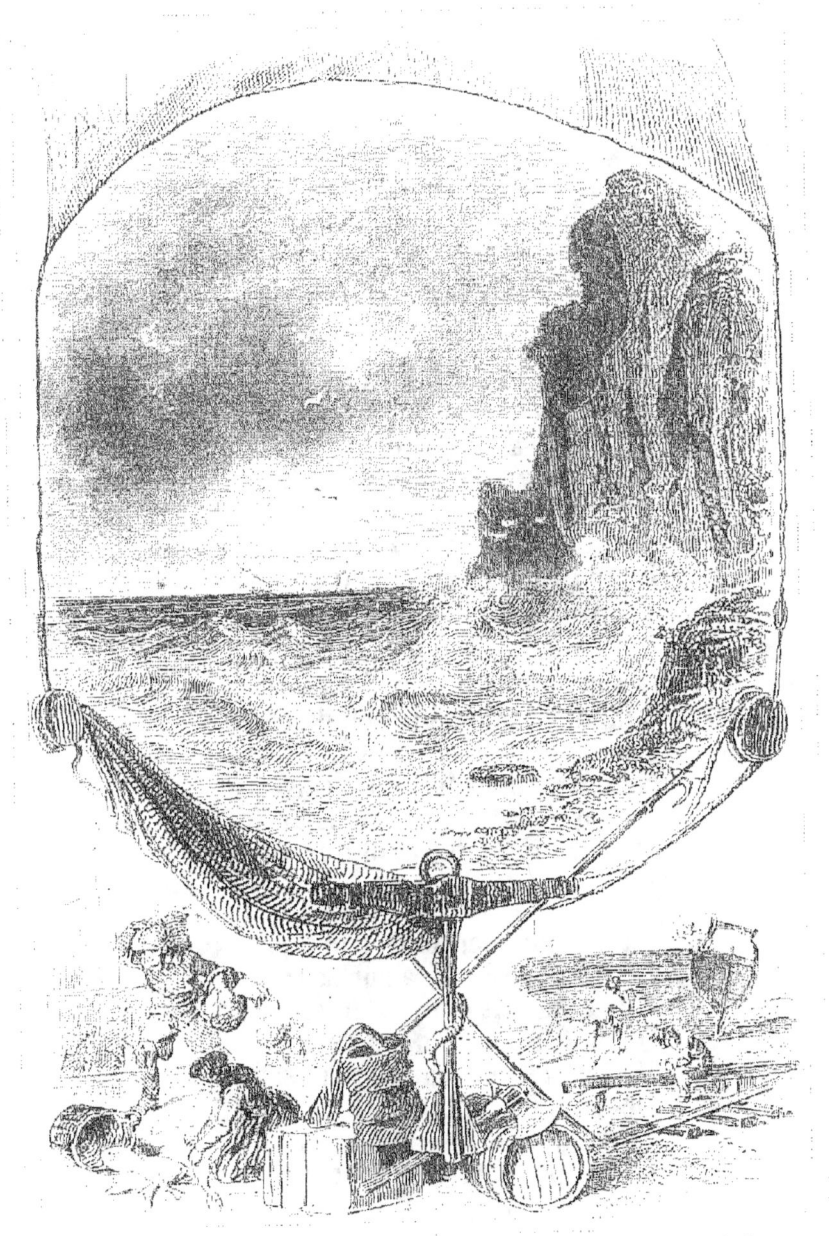

LE CHANT DE LA MER.

Voyez de loin venir la mer
Avec sa chanson lamentable,
Tordant sa vague au reflet vert
Dans les galets et dans le sable.
Elle subit le mouvement
De l'universelle machine,
Et son rauque mugissement
Est l'écho de la voix divine.

O mer profonde, explique-toi.
Grand prisme où le soleil se brise,
Clavier où les vents et la brise
Notent leur cadence indécise,
Dis-nous ta loi, dis-nous ta loi.
O mer profonde, explique-toi.

La mer submerge les trois quarts
De notre globe à sa surface;
Elle en a fait cinq grandes parts
Qu'elle supporte dans l'espace.
Voyez, le nouveau monde sort
Des plis flottants de sa tunique,
Elle embrasse du sud au nord
L'Europe, l'Asie et l'Afrique.

O mer profonde, explique-toi.
Grand prisme où le soleil se brise,
Clavier où les vents et la brise
Notent leur cadence indécise,
Dis-nous ta loi, dis-nous ta loi.
O mer profonde, explique-toi.

Épanouie au sein des flots,
La terre y plonge ses racines
Comme le dernier des îlots
Et comme les algues marines.
La mer nous rejette le sel,
La soude avec la magnésie,
Et tout ce qu'elle emprunte au ciel
D'air vital et de poésie.

O mer profonde, explique-toi.
Grand prisme où le soleil se brise,
Clavier où les vents et la brise
Notent leur cadence indécise,
Dis-nous ta loi, dis-nous ta loi.
O mer profonde, explique-toi.

Voyez à vos pieds ce poisson,
Ou les reflets de cette écaille,
C'est la mer vue à l'horizon,
Des sept couleurs elle s'émaille;
Elle respire, et son remout
A les battements d'une artère;
Quand dans la marée elle bout,
On dirait l'âme de la terre.

O mer profonde, explique-toi.
Grand prisme où le soleil se brise,
Clavier où les vents et la brise
Notent leur cadence indécise,
Dis-nous ta loi, dis-nous ta loi.
O mer profonde, explique-toi.

Bûcherons, coupez le sapin;
Scieurs de long, drus à la tâche;
Gais charpentiers, mettons en train.
Le marteau, la scie et la hache!
Battez la quille du vaisseau,
Le tisserand finit sa toile,
Le goudron fume, on glisse à l'eau,
L'équipage met à la voile.

O mer profonde, explique-toi.
Grand prisme où le soleil se brise,
Clavier où les vents et la brise
Notent leur cadence indécise,
Dis-nous ta loi, dis-nous ta loi.
O mer profonde, explique-toi.

Quel que soit votre pavillon,
Dieu vous aide, troupe intrépide!
Creusez tout droit votre sillon,
Laboureurs de la plaine humide;
Rapportez les trésors cachés :
Poivre, poissons, corail et perle;
Surtout évitez les rochers
Où la vague en pleurant déferle.

O mer profonde, explique-toi.
Grand prisme où le soleil se brise,
Clavier où les vents et la brise
Notent leur cadence indécise,
Dis-nous ta loi, dis-nous ta loi.
O mer profonde, explique-toi.

Surtout ne teignez pas de sang
Le grand Océan Pacifique;
De Trafalgar et d'Ouessant
Cicatrisons la plaie antique.
Marins, le plus grand des trois-mâts
N'est sur la mer qu'une coquille;
Du sang versé dans les combats
On ne fait pas la cochenille.

O mer profonde, explique-toi.
Grand prisme où le soleil se brise,
Clavier où les vents et la brise
Notent leur cadence indécise,
Dis-nous ta loi, dis-nous ta loi.
O mer profonde, explique-toi.

LE CHANT DE LA MER.

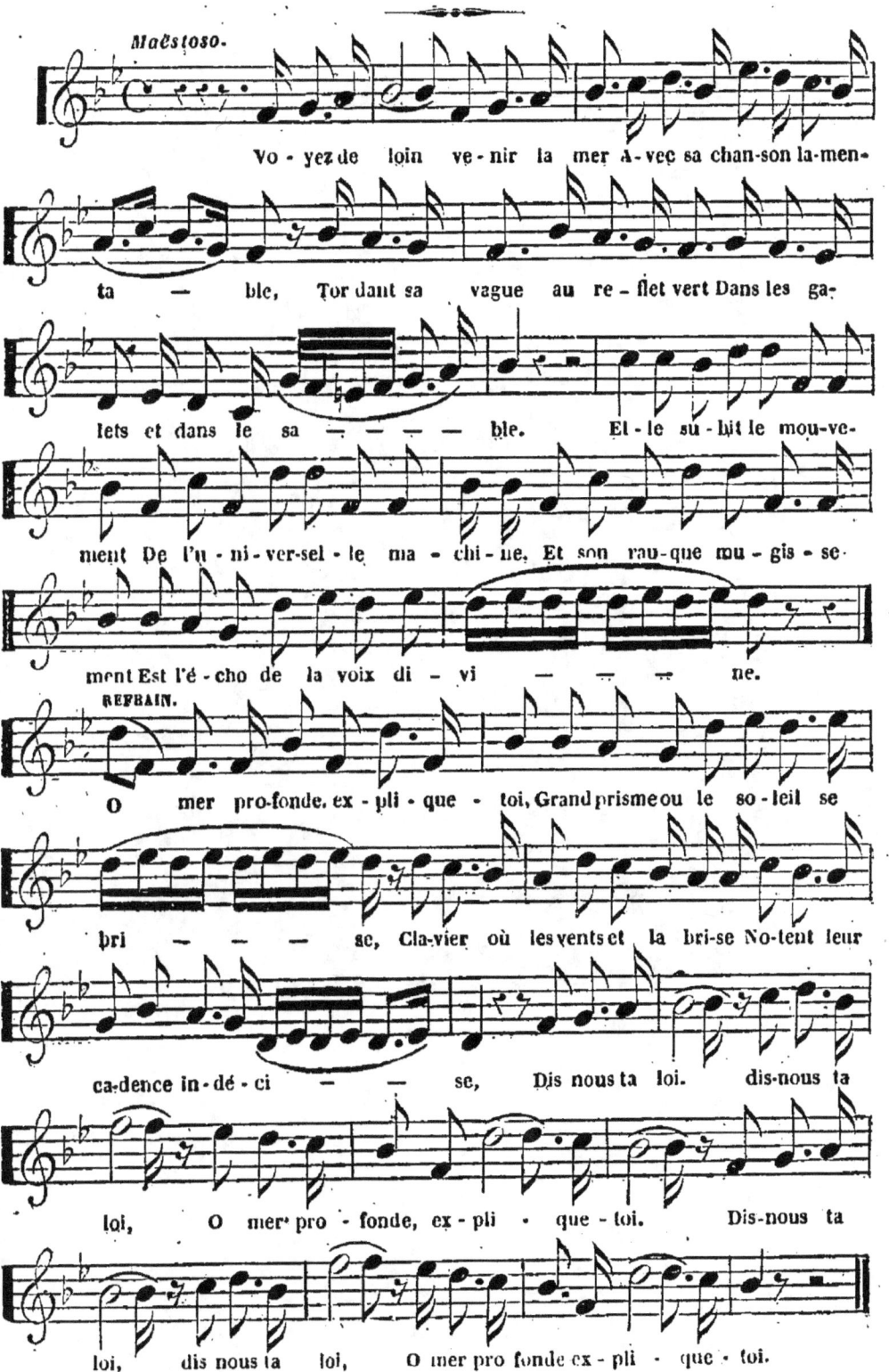

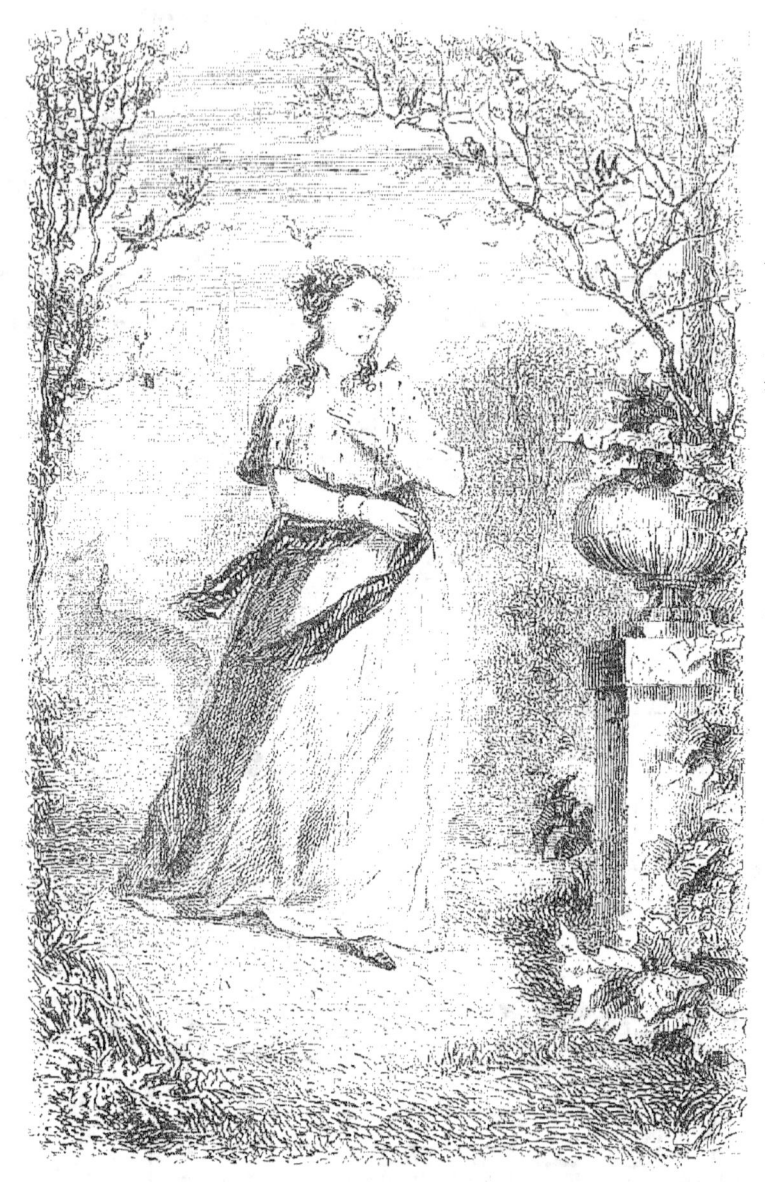

LA VIERGE AUX OISEAUX.

Par un de ces beaux soirs d'automne
Où, sur les feuillages rouillés,
Le soleil pose une couronne
De pourpre et de rayons mouillés,
Berthe s'en va sur la colline,
Ses doigts couverts de fin chamois,
A son cou blanc portant hermine
Pour conjurer les premiers froids :

Et l'on entend de douces phrases
Jaillir en gerbes de son chant,
Dans les roses et les topazes
    Du soleil couchant.

Tournés vers la voûte céleste,
Ses yeux en reflètent l'azur ;
Les biches ont le pied moins leste,
Les mules ont le pas moins sûr.
Comme un ormeau jauni qui plonge
Ses longs rameaux dans le saphir,
Dans l'ombre du soir qui s'allonge,
Vous verriez sa taille grandir.

Et l'on entend de douces phrases
Jaillir en gerbes de son chant,
Dans les roses et les topazes
    Du soleil couchant.

Elle mêle à sa chevelure
Le chêne d'or avec ses glands,
Et, dernier don de la nature,
Des arbrisseaux les fruits sanglants ;
Si bien qu'elle a comme un cortége
De grives, merles et pinsons,
D'oiseaux nourris, pendant qu'il neige,
Par ces fruits rouges des buissons.

Et l'on entend de douces phrases
Jaillir en gerbes de son chant,
Dans les roses et les topazes
    Du soleil couchant.

Or voilà ce qui nous arrive
De ces chants dispersés dans l'air :
« Dieu ! que le petit oiseau vive
» Et passe chaudement l'hiver !
» Préservez-le de la gelée
» Et des ouragans de la nuit,
» Afin qu'il revoie étoilée
» La branche en fleur où fut son nid. »

Et l'on entend de douces phrases
Jaillir en gerbes de son chant,
Dans les roses et les topazes
    Du soleil couchant.

La lune des cimes s'élance
Comme un croissant de diamants ;
La nuit d'étoiles ensemence
Les vastes champs des cieux dormants ;
La voix de Berthe, dans l'espace,
Se mêle aux cadences du ciel,
Son ombre descend et s'efface
Au seuil du logis maternel.

On croit toujours ouïr ses phrases
Jaillir en gerbes de son chant,
Dans les roses et les topazes
    Du soleil couchant.

LA VIERGE AUX OISEAUX.

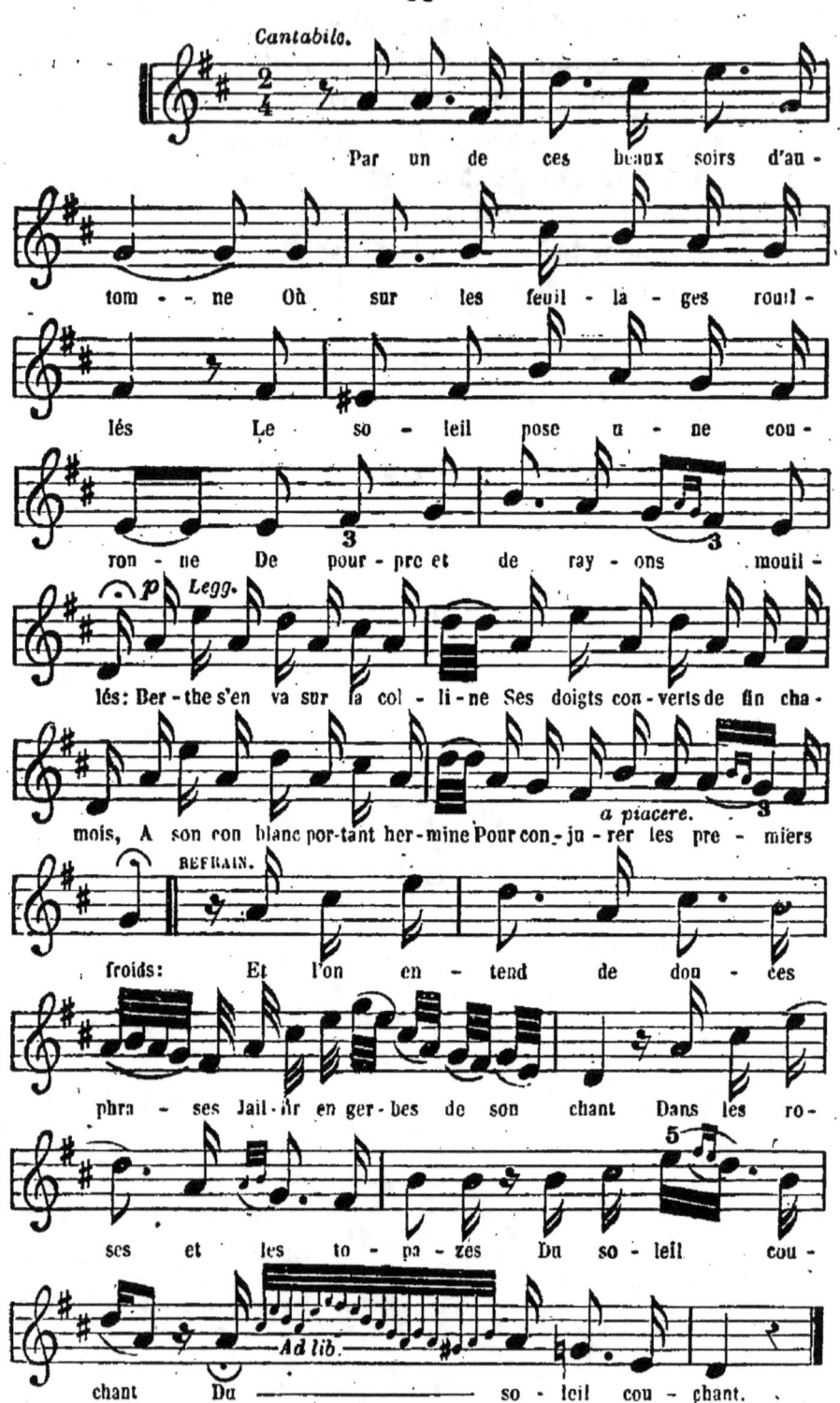

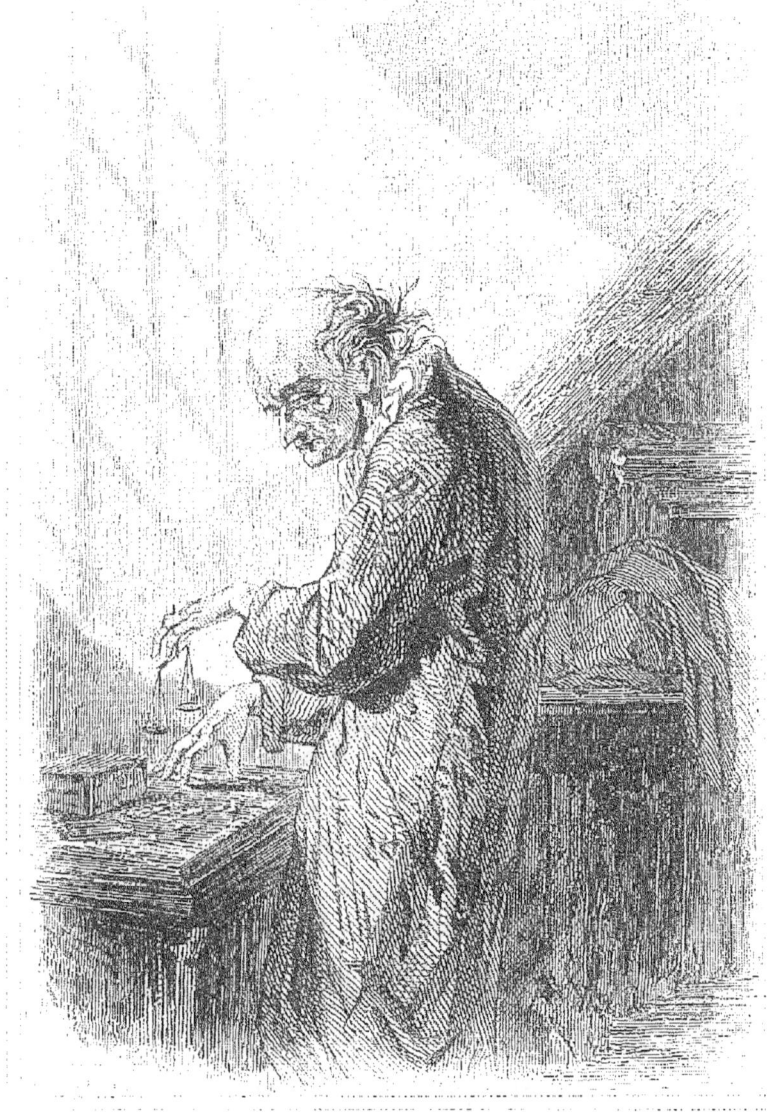

LE PESEUR D'OR.

Dans une verte houppelande
Bordée au cou de petit-gris,
Un juif expulsé de Hollande
Vivait d'usures à Paris.
Il pesait avec des balances
Dont les plateaux étaient faussés,
Or, diamants et consciences :
Ses doigts étaient fort exercés.

Les souris vont se prendre
   Au chat qui dort,
Et chacun allait vendre
   Au peseur d'or.

On allait chercher la piqûre
De ce serpent dans un trou noir
Bâillant sur une cour obscure :
Ce repaire était son comptoir.
A ceux qui de cette cachette
Osaient railler l'obscurité,
Le soleil est dans ma cassette,
Répondait l'avare éhonté.

  Les souris vont se prendre
   Au chat qui dort,
  Et chacun allait vendre
   Au peseur d'or.

Ses yeux étaient deux escarboucles,
Son nez un triangle effilé ;
Il portait des souliers à boucles,
Du linge en Hollande filé ;
Il prisait avec des mains sèches
Du fin tabac de Portugal ;
Son crâne, orné de blanches mèches,
Eût effrayé le docteur Gall.

  Les souris vont se prendre
   Au chat qui dort,
  Et chacun allait vendre
   Au peseur d'or.

De tout calcul indéchiffrable
Il se tirait en un instant,
Et d'une voix imperturbable
Il disait au chaland : C'est tant !
C'est tant ce virginal sourire ;
C'est tant votre anneau conjugal ;
C'est tant le sceptre et tant la lyre,
Tant la tombe et le piédestal !

  Les souris vont se prendre
   Au chat qui dort,
  Et chacun allait vendre
   Au peseur d'or.

Qu'il monnaya d'âmes flétries !
Qu'il serra dans ses coffres forts
D'or, de bijoux, de pierreries,
De châles de tous les trésors !

La mort longtemps le laissa faire.
Un jour de hausse et de grand gain,
Elle emmena notre homme en terre,
Mort de joie et presque de faim.
 Les souris vont se prendre
  Au chat qui dort,
 Et chacun allait vendre
  Au peseur d'or.

Le diable, qui toujours existe,
Ayant vu la nuit, en rôdant,
Notre squelette jaune et triste
Qui perdait sa dernière dent,
Dans un plateau de sa balance
Mit les restes du pauvre corps,
Et dans l'autre avec violence
Fit entrer ses nombreux trésors.
 Les souris vont se prendre
  Au chat qui dort,
 Et chacun allait vendre
  Au peseur d'or.

« Tu pèses moins que tes richesses,
Dit le diable, viens en enfer !
Nous y vivrons de tes largesses ;
Tes os secs feront un feu clair ! »
Tirez profit de cette fable
Vous tous qui rognez sur un liard !
Vous thésaurisez pour le diable,
Il vous surprendra tôt ou tard.
 Les souris vont se prendre
  Au chat qui dort,
 Et chacun allait vendre
  Au peseur d'or.

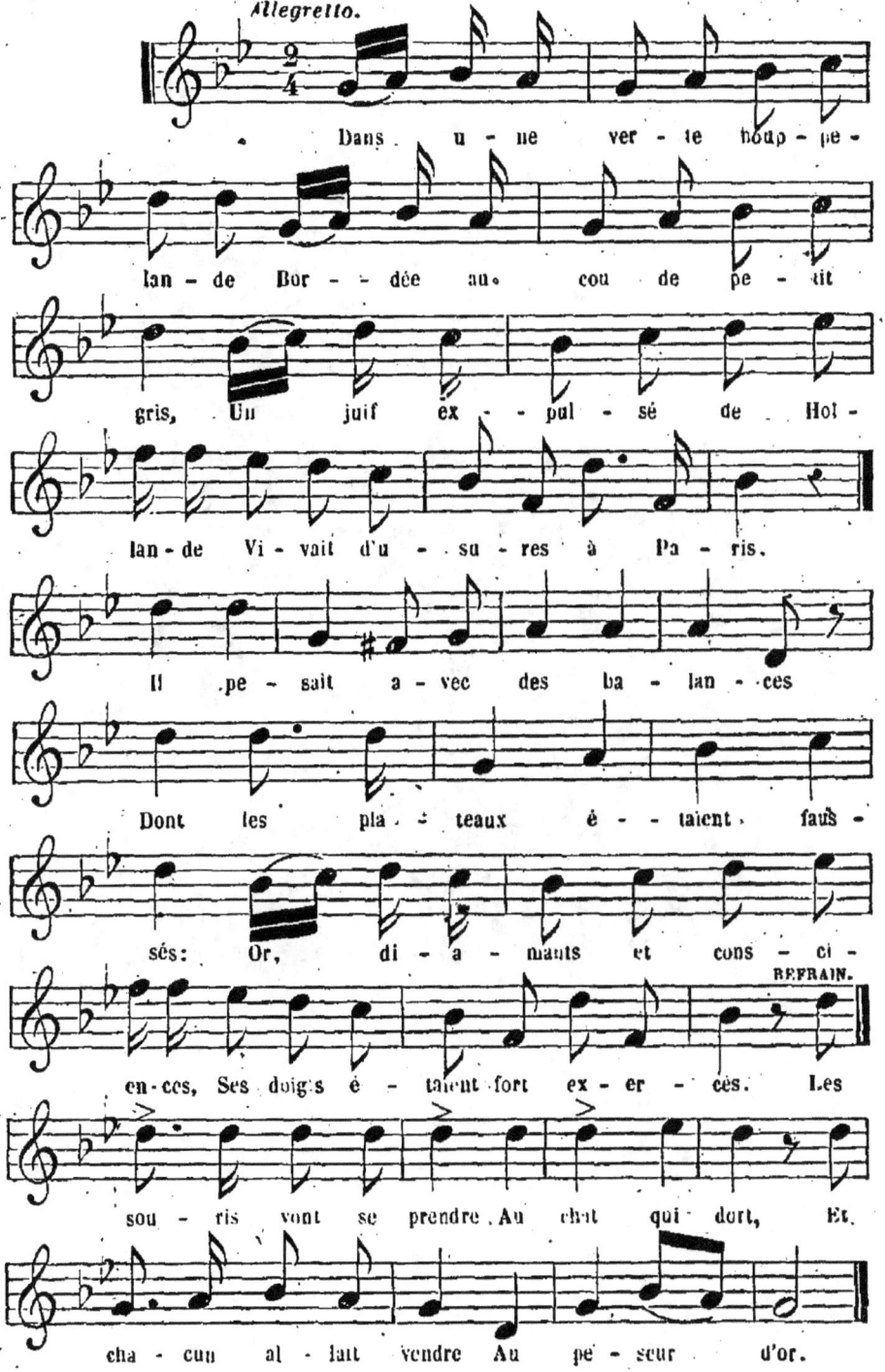

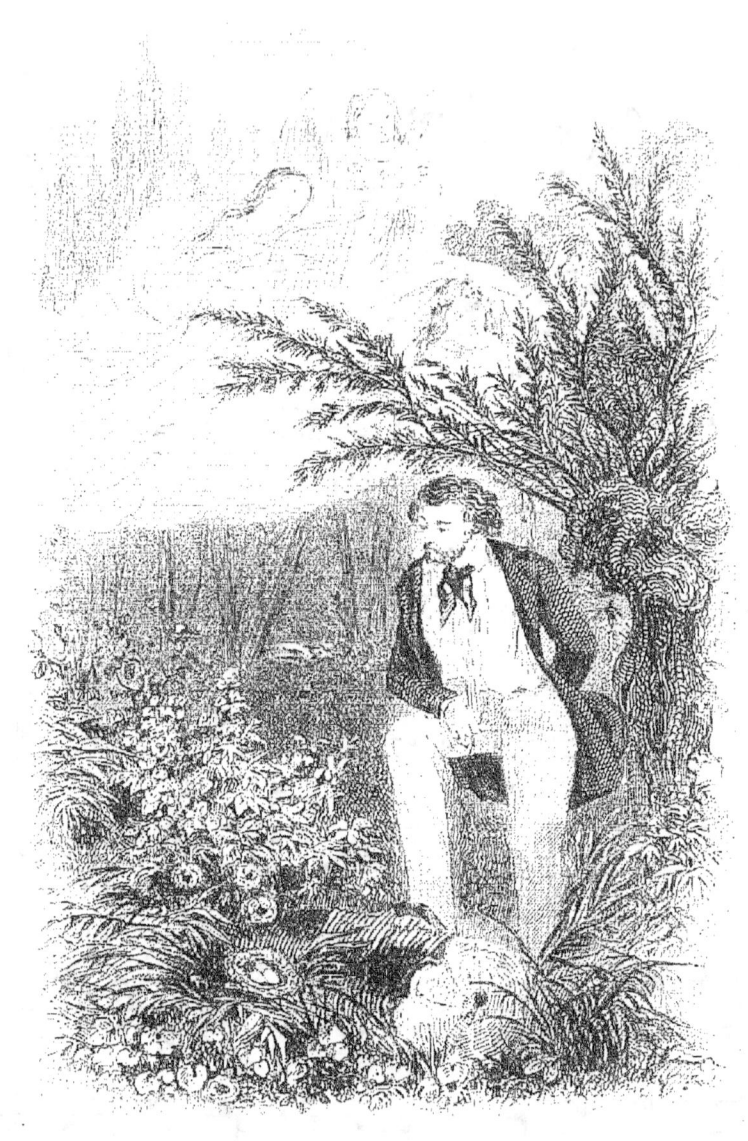

LE ROSSIGNOL ET LES ROSES.

LE ROSSIGNOL ET LES ROSES.

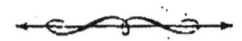

Un jour, je trouvai près du sol,
Au temps des brises les plus chaudes,
Dans l'herbe, un nid de rossignol.
Au fond brillaient trois émeraudes,
Trois œufs, pleins de chansons d'amour,
Si Dieu les voulait faire éclore.
Appelant son époux sonore,
La mère attristait l'alentour.

Nids mousseux, fleurs de pourpre et blondes rêveries,
Espérances fleuries.

Trois roses fleurissaient auprès,
Roses d'une teinte rêvée,
Qui semblaient naître tout exprès
Pour les amours de la couvée ;
Alors je sentais doucement
Éclore en moi trois douces choses :
Il fleurissait en moi trois roses ;
Mon cœur couvait un nid charmant.

Nids mousseux, fleurs de pourpre et blondes rêveries,
Espérances fleuries.

Mon cœur couvait trois œufs divins,
La foi, l'amour, la poésie.
Trois jours après, quand je revins,
De froid mon âme fut saisie :
Le nid gisait, et l'églantier
Pleurait ses roses églantines;
Le nid divin, les fleurs divines
De mon cœur jonchaient le sentier.

**Nids mousseux, fleurs de pourpre et blondes rêveries,
Illusions flétries!**

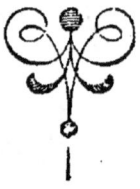

LE ROSSIGNOL ET LES ROSES.

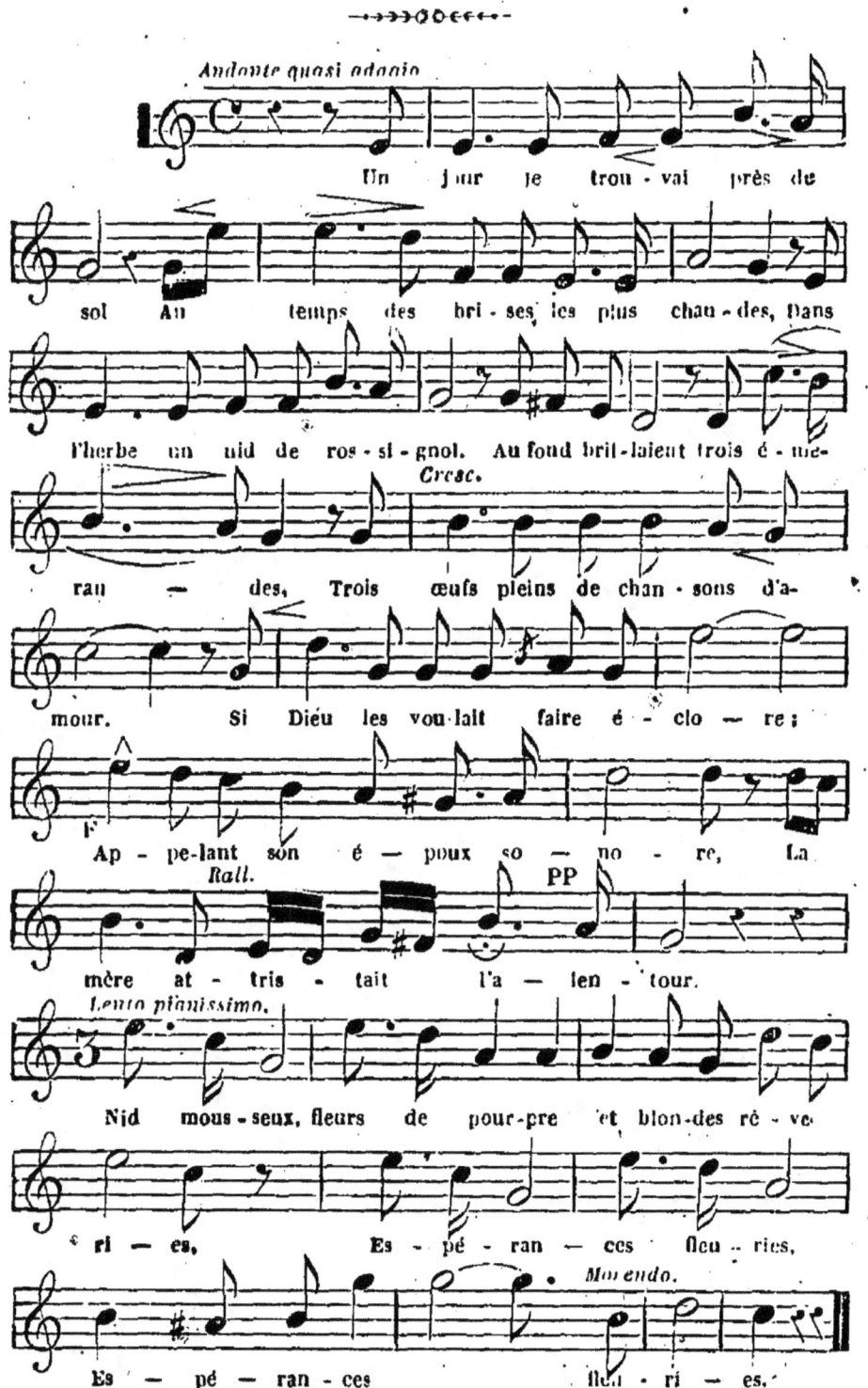

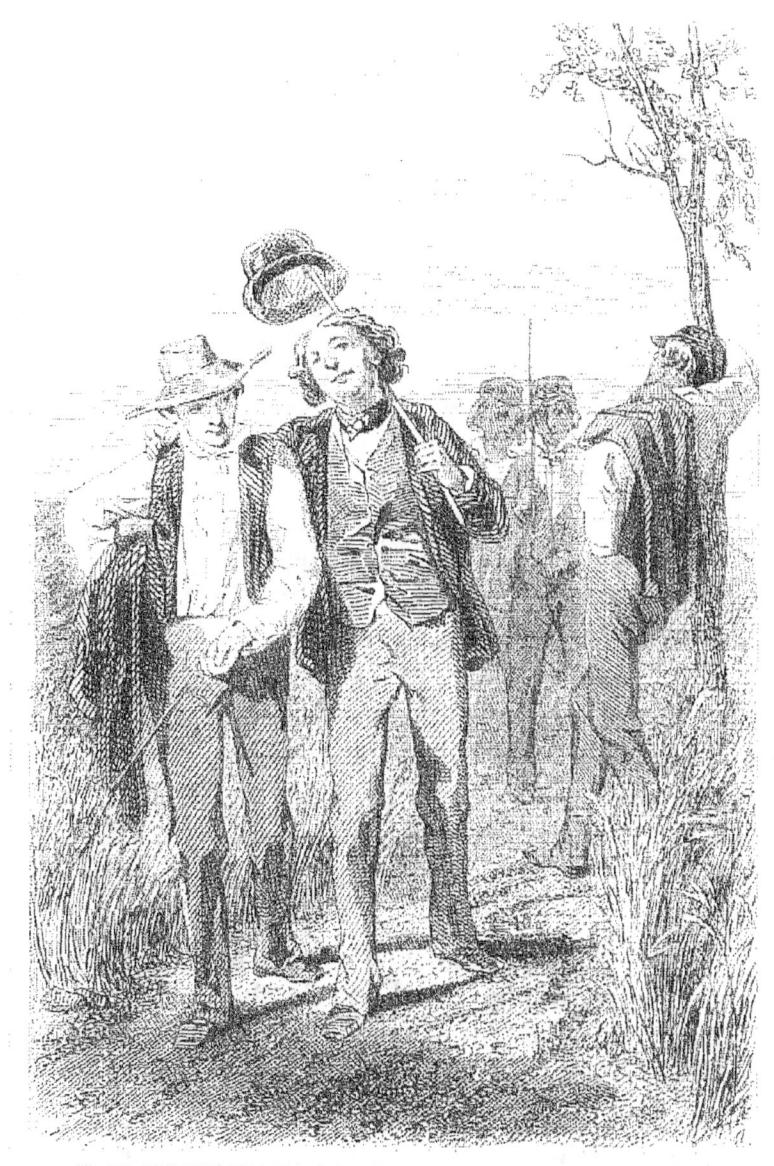

LES AMIS.

Tonnelle verte, embaumée et petite
Où l'on tient six ou sept, assis en rond,
Ton chèvrefeuille avec ta clématite
Font ressortir le bleu du liseron ;
Ta vigne folle aux houblons enlacée
Me laisse voir à travers le treillis
Des hôtes gais dont jaillit la pensée
Comme un bourgeon : ce sont de vrais amis !

Vigne et houblon font bien sur les tonnelles :
Ces nourriciers de la bière et du vin
Arroseront les amitiés fidèles
Qu'on voit fleurir aux deux rives du Rhin.
Les deux liqueurs ont passé la frontière,
C'est un échange entre les deux pays :
Faire alterner le vin avec la bière,
Le verre en main, c'est l'usage entre amis.

Il faut les voir, un matin du dimanche,
Tous devancer l'heure du rendez-vous,

Francs du collier, dégagés de la hanche.
Allons aux champs, le soleil est à nous !
Et les voilà devant le paysage
Tondant les prés et battant les taillis :
La belle fille, attirée au passage,
Fait les yeux doux à ces joyeux amis.

Jusques au soir menons la promenade,
Laissant aux vieux la halte aux cabarets,
Et, s'il fait chaud, qu'une simple rasade,
Bue en passant, tienne les gosiers frais.
Quand vient la nuit, la faim est aiguisée :
Sur le dîner, on ouvre les avis.
De s'accorder la chose est malaisée,
Quand on commence à crier entre amis.

La faim grondeuse apaisera l'orage.
L'hôtesse arrive et propose un rôti,
Une salade, un lapin, du fromage,
Du vin clairet ; on en prend son parti.
Apportez-nous des nappes, des serviettes,
Nous voulons être, et vite, et bien servis !
L'hôtesse aura des façons très honnêtes,
N'êtes-vous pas, dit-elle, des amis ?

A table on mange, on boit, ensuite on jase,
Et, comme l'ail parfume le gigot,
Chacun se croit obligé, dans sa phrase,
De faufiler par instant un bon mot.
Vient le dessert, une chanson l'égaye ;
Puis ce quart d'heure où souvent on est pris.
On se consulte, et l'un pour l'autre on paye :
Cela se fait volontiers entre amis.

Sur la journée une ombre se détache :
Un des amis, hélas ! va nous quitter ;
Il a beau rire en frisant sa moustache,
Un boulet noir pourrait bien l'emporter.
Non ! sur ses jours l'amitié tend son aile ;
S'il pense à nous, ses coups seront hardis.
Il reviendra sous la verte tonnelle
Trinquer encore avec ses vieux amis.

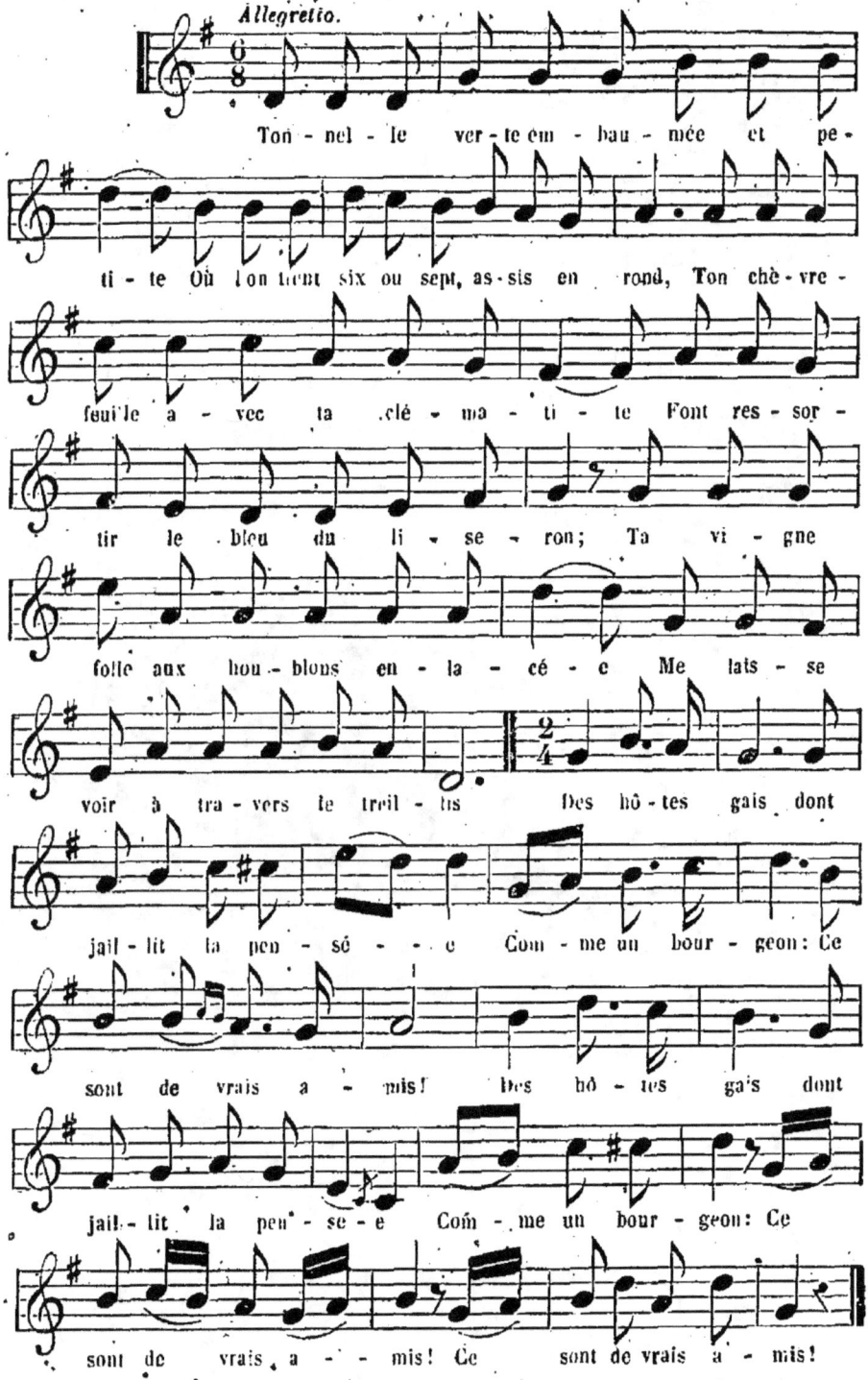

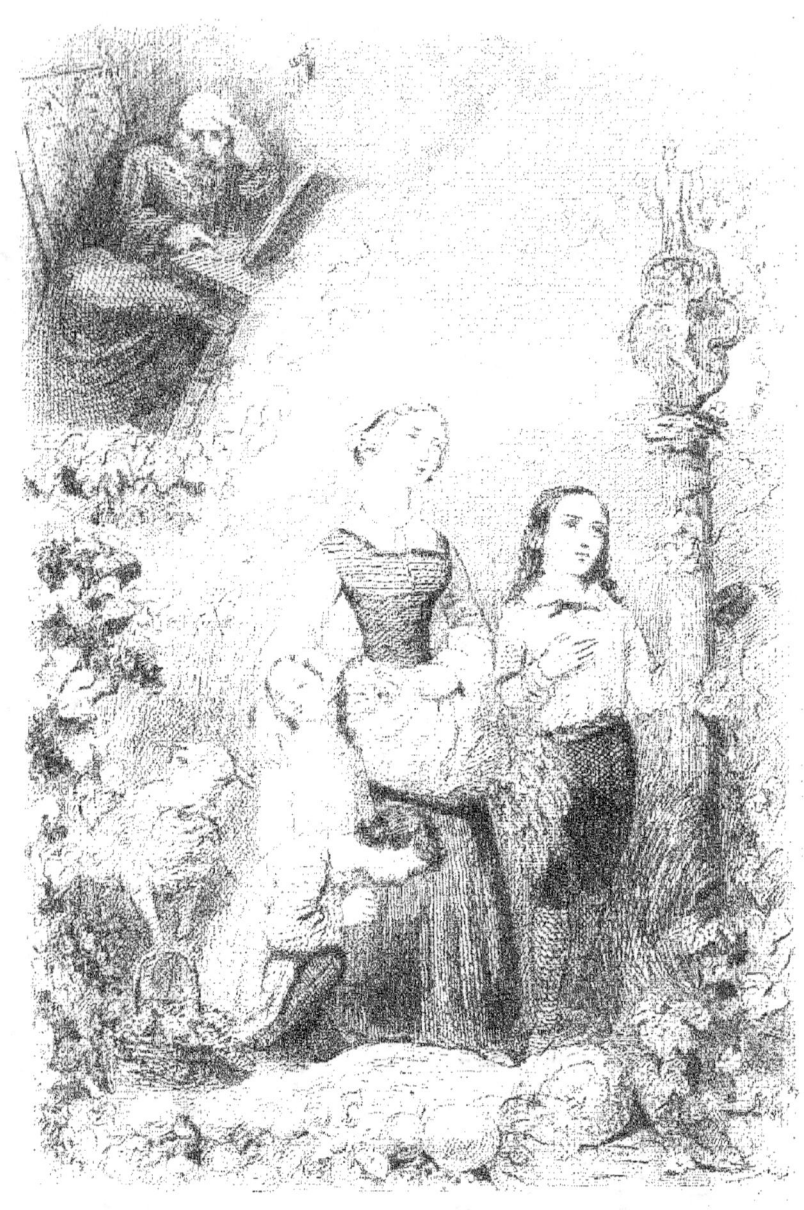

PRIÈRE DES ENFANTS.

Dieu ! le petit enfant
Sur ta gloire infinie
    En sait autant
    Que le savant,
Que le plus grand génie.

Le plus petit oiseau
S'évertue à te plaire ;
    L'humble roseau,
    La terre et l'eau
Te chantent leur prière.

Répands à pleines mains
Tes dons sur la nature :
    Les fruits, les grains,
    Les doux raisins;
Que tous aient leur pâture!

Fais que les ennemis,
Oubliant leurs querelles,
Vivent unis
Et soient épris
Des beautés éternelles !

Dieu de bonté, répands
Des trésors de tendresse
Sur nos parents :
Que leurs enfants
Honorent leur vieillesse !

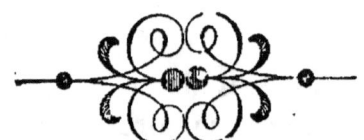

PRIÈRE DES ENFANTS.

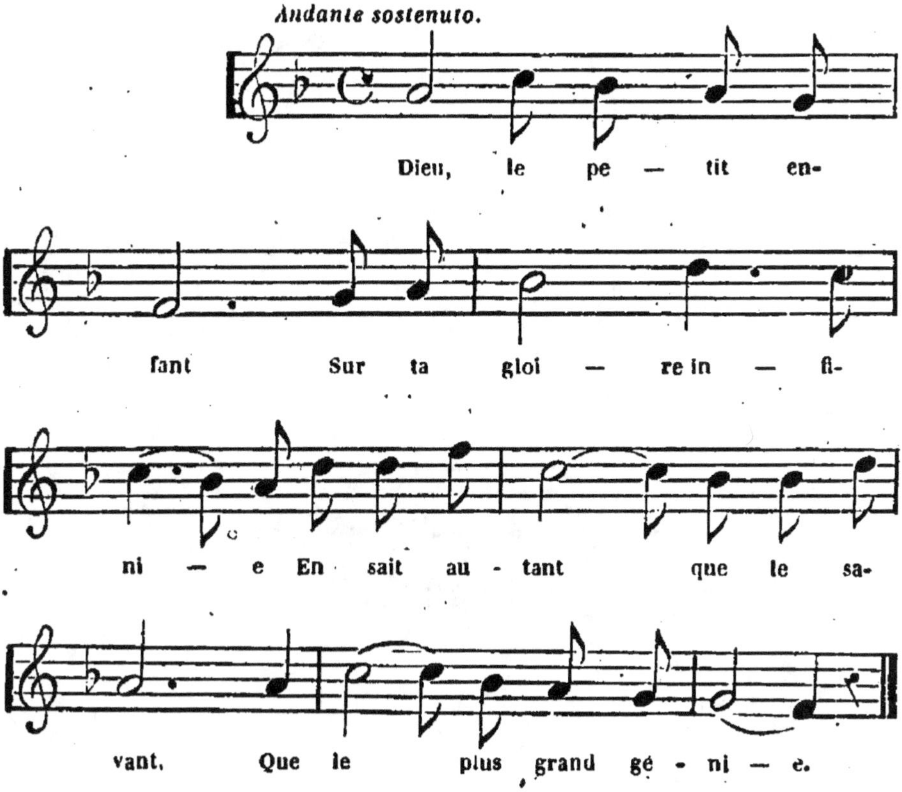

Andante sostenuto.

Dieu, le pe—tit en—fant Sur ta gloi—re in—fi—ni—e En sait au—tant que le sa—vant, Que le plus grand gé—ni—e.

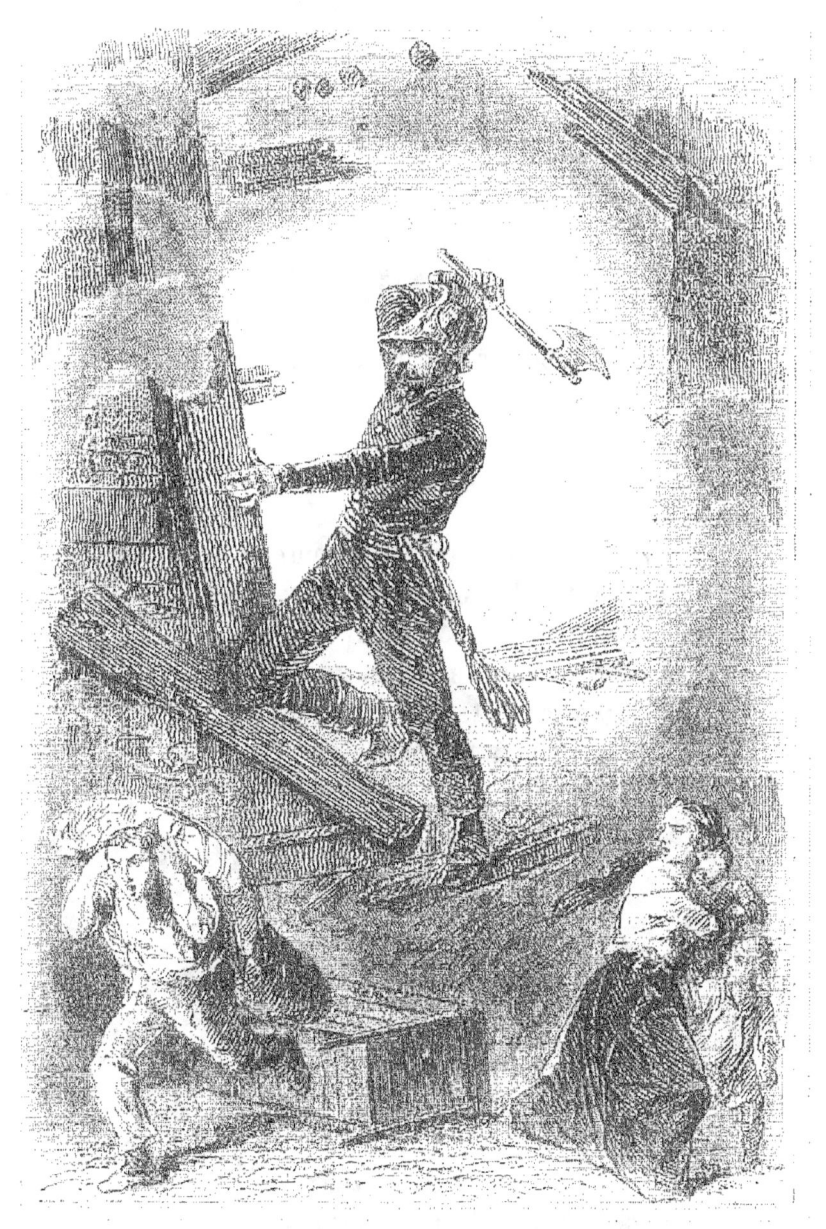

L'INCENDIE.

CHANT DES POMPIERS.

A l'heure calme où tout sommeille,
Hormis l'inflexible destin,
L'incendie en secret s'éveille :
D'abord il vacille incertain ;
Longtemps se traîne la fumée,
Arrive un grand souffle du vent :
Les étincelles vont pleuvant,
Enfin la torche est allumée.

 Au feu ! au feu !
 L'incendie éclate,
 La flamme écarlate
 Rougit le ciel bleu.
 Au feu ! au feu !

Le tocsin dans les capitales
Annonce au loin que le fléau
Combat de ses larges rafales
Les luttes sifflantes de l'eau ;
La foule se rue inquiète ;
Au sein du brasier étouffant,
La mère emporte son enfant,
L'avare serre sa cassette.

Au feu ! au feu !
L'incendie éclate,
La flamme écarlate
Rougit le ciel bleu.
Au feu ! au feu !

Avez-vous vu dans la campagne,
Quand le chaume enflammé se tord,
Le paysan et sa compagne
Errer plus pâles que la mort ;
Le bétail pris sous la toiture
Mugit dans le fourrage ardent,
Le coq mêle son cri strident
A cette navrante peinture.

Au feu ! au feu !
L'incendie éclate,
La flamme écarlate
Rougit le ciel bleu.
Au feu ! au feu !

En ces calamités publiques,
Toujours les premiers à courir,
Nos pompiers, soldats pacifiques,
Savent aussi vaincre et mourir.
Que de familles éplorées,
Au désespoir, les yeux hagards,
Hommes, femmes, enfants, vieillards,
Par eux des flammes retirées !

Au feu ! au feu !
L'incendie éclate,
La flamme écarlate
Rougit le ciel bleu.
Au feu ! au feu !

Sous le choc des maisons croulantes,
Ils mettent leurs pompes en jeu,
Marchant sur les poutres branlantes,
Ils disputent sa proie au feu ;
La lance au poing, le casque en tête,
Par la ceinture suspendus,
Que de beaux services rendus
Et quelle modeste conquête !

    Au feu ! au feu !
    L'incendie éclate,
    La flamme écarlate
    Rougit le ciel bleu.
    Au feu ! au feu !

L'histoire, de qui la louange
Élève si haut les guerriers,
A cette intrépide phalange
Devrait garder ses purs lauriers,
Quand un de ces héros succombe,
Comme on fait pour tous les vainqueurs,
On devrait des plus grands honneurs
Entourer cette simple tombe.

    Au feu ! au feu !
    L'incendie éclate,
    La flamme écarlate
    Rougit le ciel bleu.
    Au feu ! au feu !

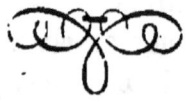

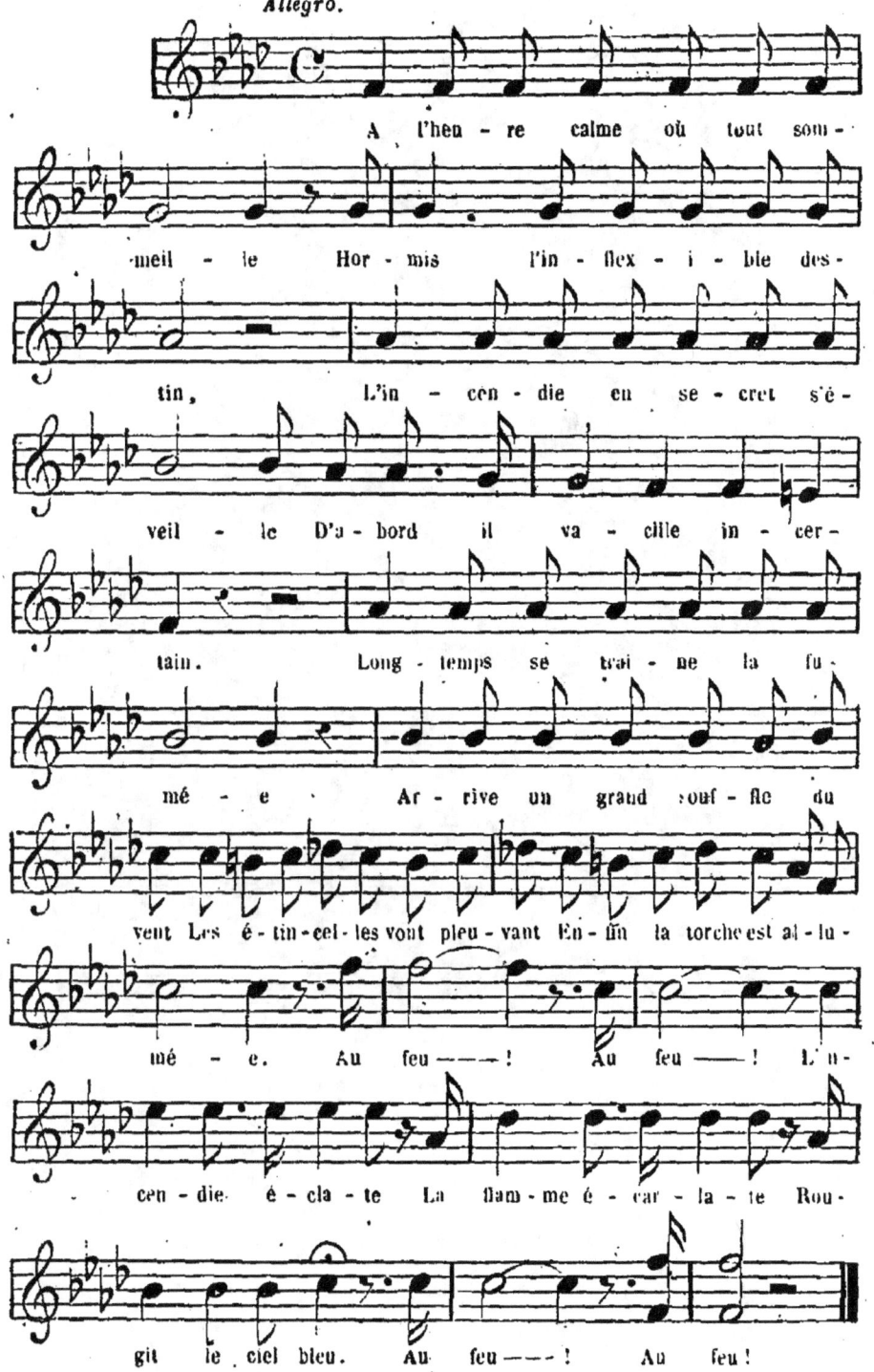

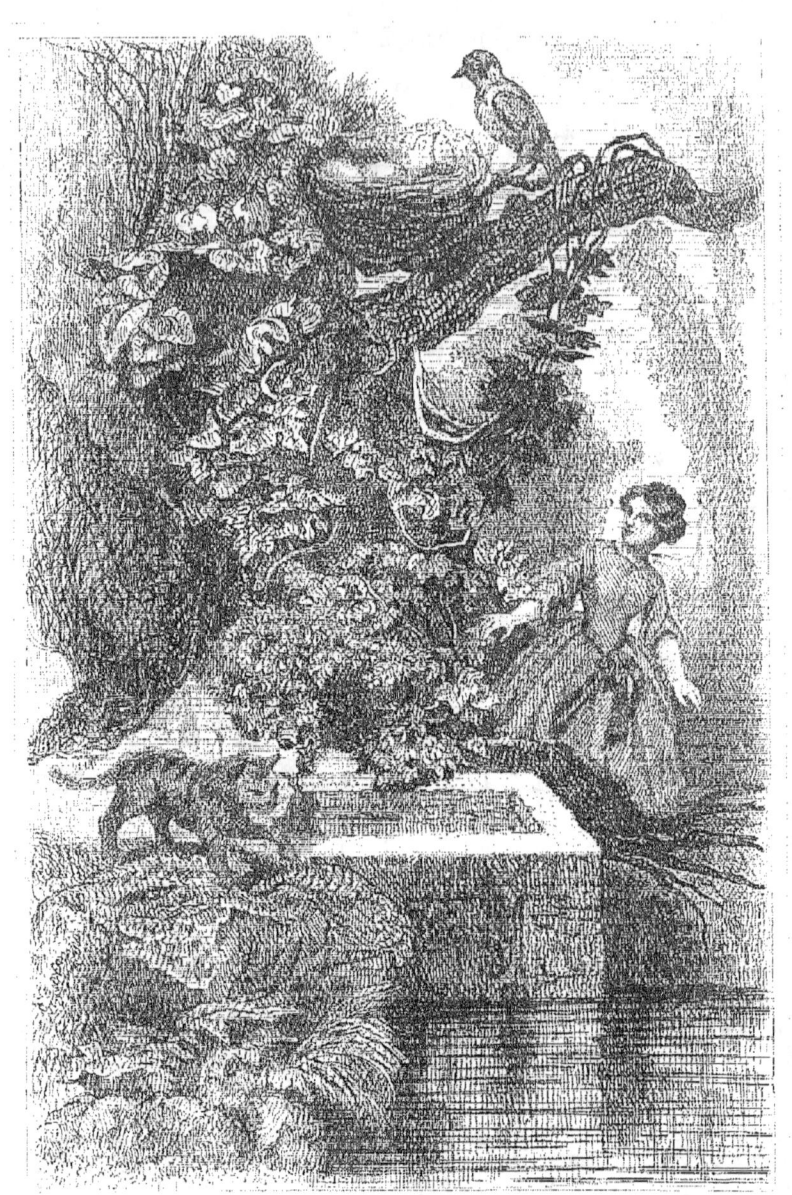

LE BOUVREUIL.

Ta voix m'émerveille,
Chante, gai bouvreuil!
Ta voix plaît à l'oreille
Et ton plumage à l'œil :
Chante, gai bouvreuil!

Quand le rossignol cesse
De chanter sa tendresse,
Quand il voit ses petits,
Le bouvreuil continue,
Et sa voix moins connue
A des fredons gentils.

Ta voix m'émerveille,
Chante, gai bouvreuil!
Ta voix plaît à l'oreille
Et ton plumage à l'œil :
Chante, gai bouvreuil!

Dans le fouillis des lierres,
Ces vieux rongeurs des pierres,
Son nid est abrité.
Hélas! quand il repose
En des touffes de rose,
Il est bien plus guetté.

Ta voix m'émerveille,
Chante, gai bouvreuil !
Ta voix plaît à l'oreille
Et ton plumage à l'œil :
Chante, gai bouvreuil !

Chaque beauté qui passe
Du regard le menace :
Le rosier est si beau !
Ses branches purpurines
N'ont pas assez d'épines
Pour défendre l'oiseau.

Ta voix m'émerveille,
Chante, gai bouvreuil !
Ta voix plaît à l'oreille
Et ton plumage à l'œil :
Chante, gai bouvreuil !

Le noir serpent le guette ;
Tenant sa griffe prête
Et dardant son œil clair,
Le chat joue et se roule,
Rampe, se met en boule
Et fond comme un éclair.

Ta voix m'émerveille,
Chante, gai bouvreuil !
Ta voix plaît à l'oreille
Et ton plumage à l'œil :
Chante, gai bouvreuil !

Au bouvreuil, fleur vivante,
Qui dans le rosier chante,
Laissons la liberté ;
Il perdrait dans sa cage
La fleur de son plumage,
L'éclat de sa gaîté.

   Ta voix m'émerveille,
   Chante, gai bouvreuil !
   Ta voix plaît à l'oreille
   Et ton plumage à l'œil :
   Chante, gai bouvreuil !

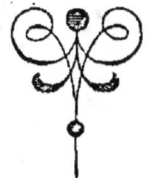

LE BOUVREUIL.

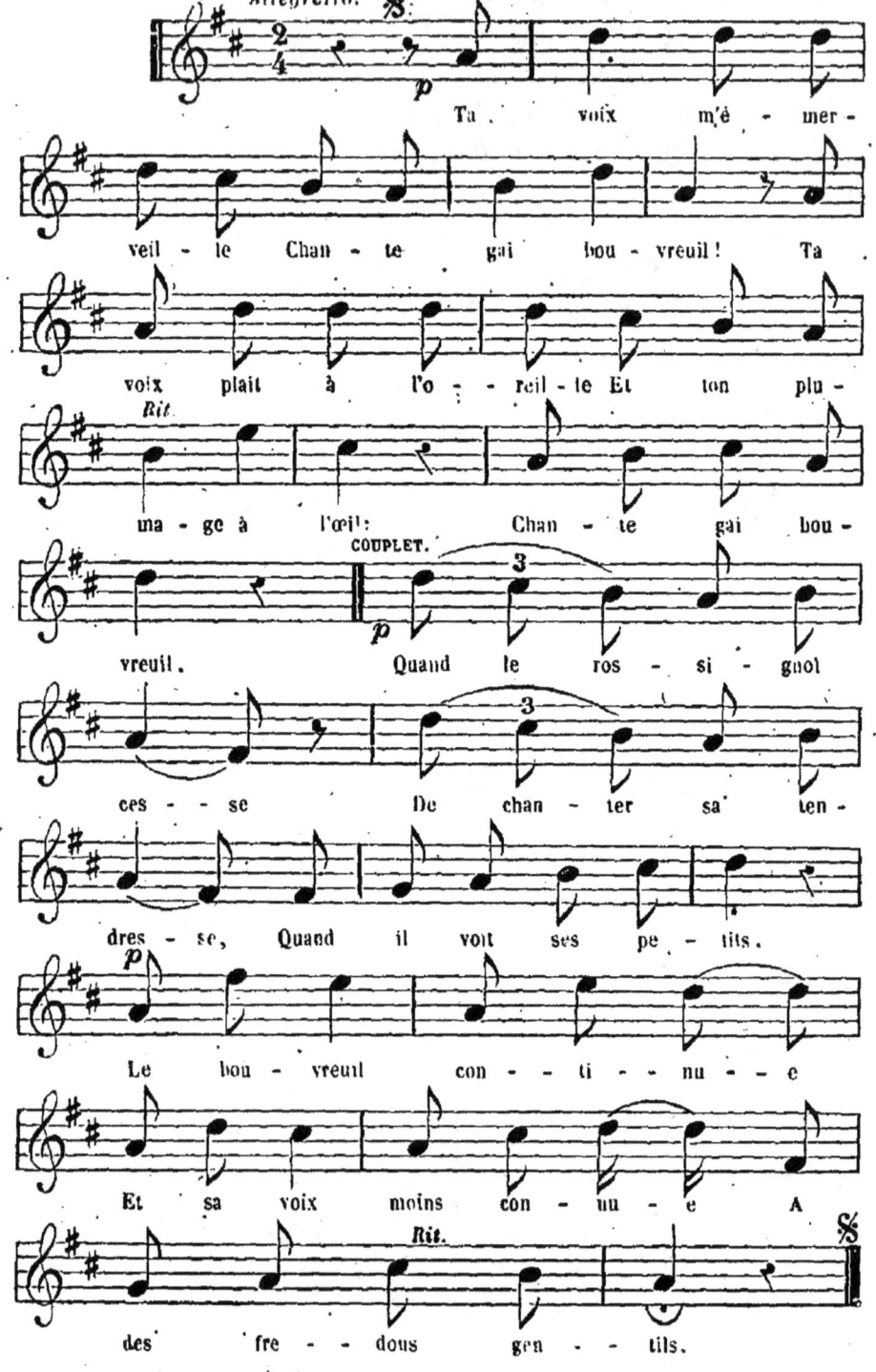

Ta voix m'émerveille Chante gai bouvreuil! Ta voix plaît à l'oreille Et ton plumage à l'œil: Chante gai bouvreuil.

COUPLET.

Quand le rossignol cesse De chanter sa tendresse, Quand il voit ses petits. Le bouvreuil continue Et sa voix moins connue A des fredons gentils.

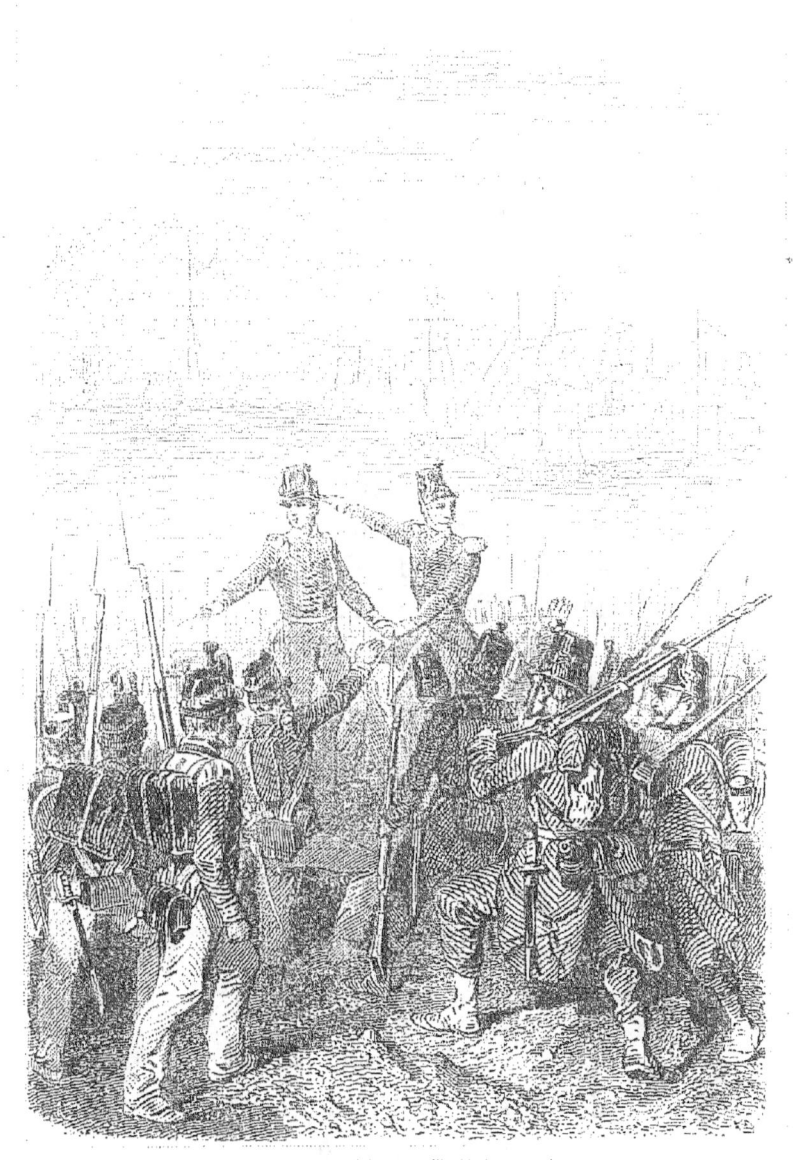

LA NOUVELLE ALLIANCE.

LA NOUVELLE ALLIANCE.

Mars 1854.

Le Cosaque du Don galope
Sur le sol du droit violé,
Et dans le brasier de Sinope
Le sang des Turcs a ruisselé ;
Rendons justice à leur mémoire :
Plutôt que forfaire à l'honneur,
On les a vus dans la mer Noire
Couler bas comme le *Vengeur*.

 Cette fois, sur mer et sur terre
 Les Cosaques nous les tenons !
 La France est avec l'Angleterre,
 Le droit est avec nos canons.

Les siècles sont loin où le pôle,
A la débâcle du printemps,
Inondait notre verte Gaule
Du trop plein de ses habitants.
Ce n'est plus par la force ouverte
Que les czars peuvent s'agrandir ;
Ils rusent, mais en pure perte.
De loin nous les voyons venir.

Cette fois, sur mer et sur terre
Les Cosaques nous les tenons !
La France est avec l'Angleterre,
Le droit est avec nos canons.

Faire un pas de plus dans l'histoire
En dissimulant ses efforts,
Empiéter sur un territoire
Comme un flot qui ronge ses bords,
Par une borne déplacée
Un sillon qu'au voisin l'on prend :
Voilà l'immuable pensée,
Le rêve de Pierre le Grand !

Cette fois, sur mer et sur terre
Les Cosaques nous les tenons !
La France est avec l'Angleterre,
Le droit est avec nos canons.

Ce fameux testament de Pierre,
Par Catherine cimenté,
Enveloppe la terre entière
Dans une inflexible unité.
La mort même ne peut suspendre
Cet agrandissement secret.
Paul est tué ; reste Alexandre
Enfin Nicolas apparaît.

Cette fois, sur mer et sur terre
Les Cosaques nous les tenons !
La France est avec l'Angleterre,
Le droit est avec nos canons.

Le front toujours couvert d'un casque,
Toujours en extase ou botté,
Nicolas a jeté le masque,
On sait enfin la vérité.
Puisqu'en sa folie il s'entête,
Nos flottes vont, au premier jour,
S'abattre comme la tempête
Sur Cronstadt et Saint-Pétersbourg.

   Cette fois, sur mer et sur terre
   Les Cosaques nous les tenons !
   La France est avec l'Angleterre,
   Le droit est avec nos canons.

Depuis la récente alliance,
Qui met notre honneur en commun,
De l'Angleterre et de la France
Les pavillons ne font plus qu'un.
Il s'y joindra d'autres bannières
De tous les bouts de l'horizon,
Pour en finir avec ces guerres
Où l'injustice avait raison.

   Cette fois, sur mer et sur terre
   Les Cosaques nous les tenons !
   La France est avec l'Angleterre,
   Le droit est avec nos canons.

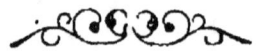

LA NOUVELLE ALLIANCE.

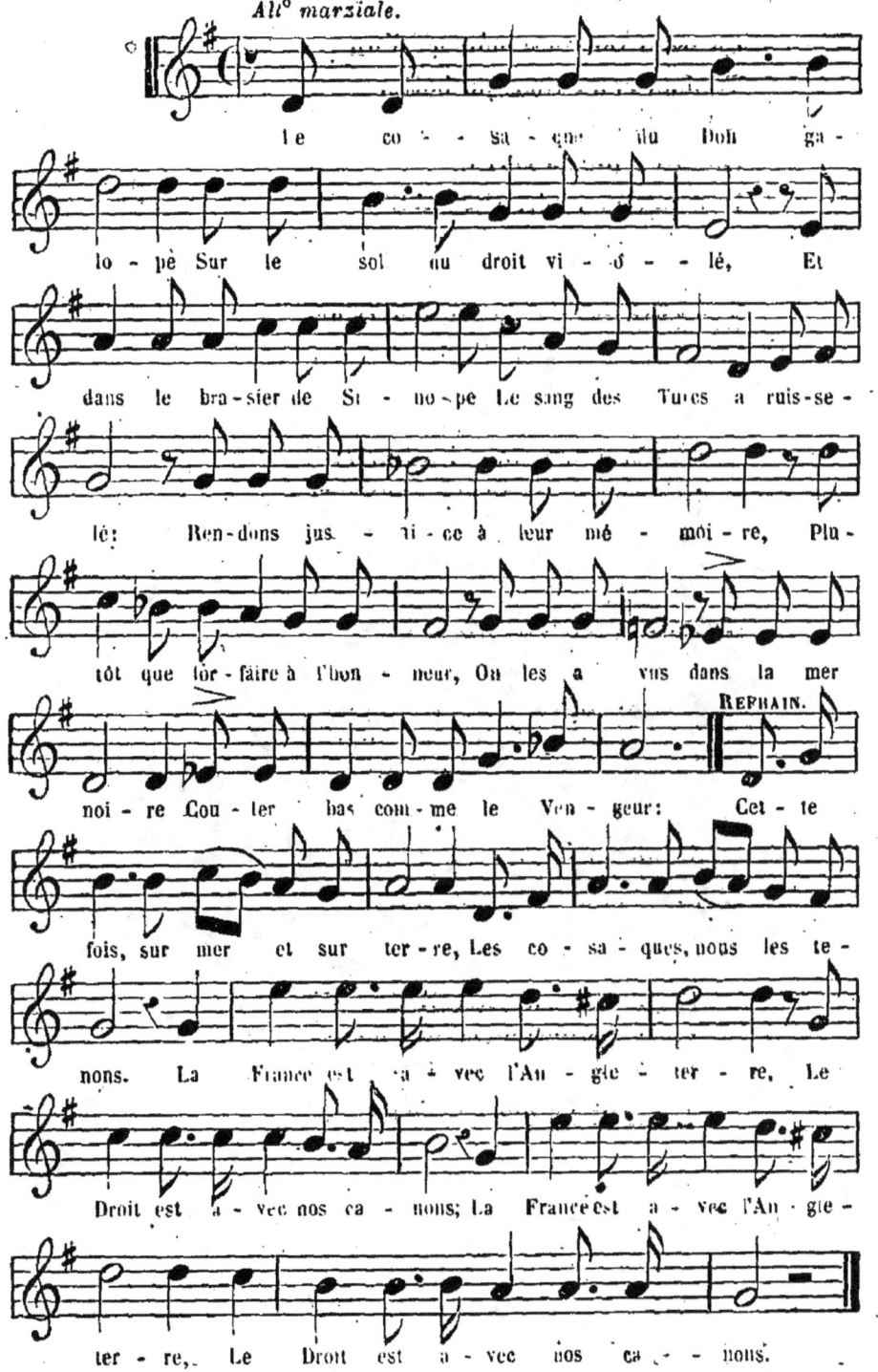

Le co-saque du Don galo-pe Sur le sol au droit vi-o-lé, Et dans le bra-sier de Si-no-pe Le sang des Turcs a ruis-se-lé: Rendons jus-ti-ce à leur mé-moi-re, Plu-tôt que for-faire à l'hon-neur, On les a vus dans la mer noi-re Couler bas comme le Ven-geur: **REFRAIN.** Cet-te fois, sur mer et sur ter-re, Les co-sa-ques, nous les te-nons. La France est a-vec l'An-gle-ter-re, Le Droit est a-vec nos ca-nons; La France est a-vec l'An-gle-ter-re, Le Droit est a-vec nos ca-nons.

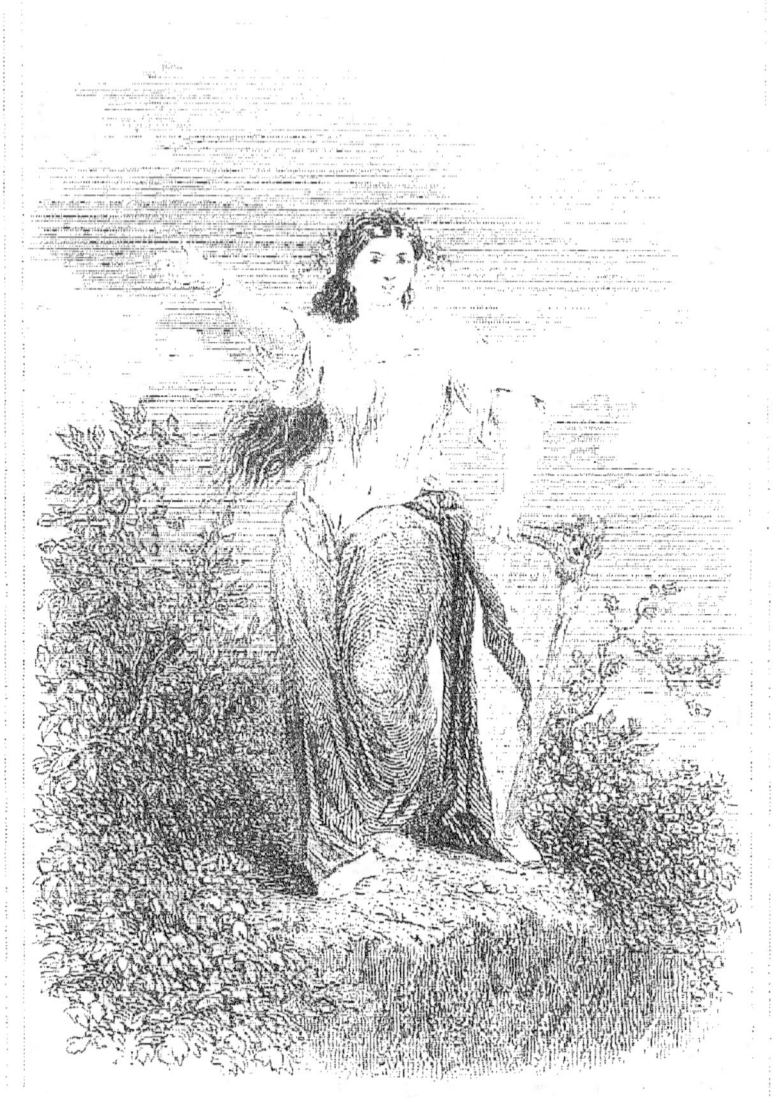

LA LYRE D'OR.

Regardez cette beauté fière :
Ses cheveux sur son front pleuvant,
Jaillissent comme la lumière
Des sources roses du levant;
Et, signe d'invincible force,
Au-dessus du cou ses cheveux
Se dressent en colonne torse,
En branche d'érable noueux :

 Sa voix savante et belle
  Exprime un tel accord,
  Qu'à l'entour on l'appelle :
 La lyre d'or, la lyre d'or.

Cette voix sonore et vibrante
Tient à la fois du chant d'oiseau
Et de la forêt murmurante,
Des bruits du vent, des bruits de l'eau.
Comme au sein des flots une rame
Produit mille onduiations,
Elle remue au fond de l'âme
Les plus sourdes émotions.

Sa voix savante et belle
Exprime un tel accord,
 Qu'à l'entour on l'appelle :
La lyre d'or, la lyre d'or.

La montagne à cime glacée
Cache les métaux précieux ;
Son front mat couve une pensée
Qui se révèle par ses yeux :
Ses yeux bleus comme les grands fleuves
Et voilés d'un glauque reflet,
Disent des choses toutes neuves
Où l'on est pris comme au filet.

Sa voix savante et belle
Exprime un tel accord,
 Qu'à l'entour on l'appelle :
La lyre d'or, la lyre d'or.

Ondoyant comme la panthère,
Et dédaignant les vains atours,
Son beau corps apprend à la terre
Le secret des divins contours.
Quelle adorable nonchalance !
Faites approcher ce coursier,
D'un bond de tigre elle s'élance
Et galope à franc étrier.

Sa voix savante et belle
Exprime un tel accord,
 Qu'à l'entour on l'appelle :
La lyre d'or, la lyre d'or.

Elle passe montagne et plaine,
Du Caucase au sable africain,
Elle s'en va tout d'une haleine
Poursuivant le secret divin :
Vents! ramenez-la sur vos ailes,
Que je vive encore une fois
A la clarté de ses prunelles,
Que je meure au son de sa voix!

Sa voix savante et belle
Exprime un tel accord,
Qu'à l'entour on l'appelle :
La lyre d'or, la lyre d'or.

LA LYRE D'OR.

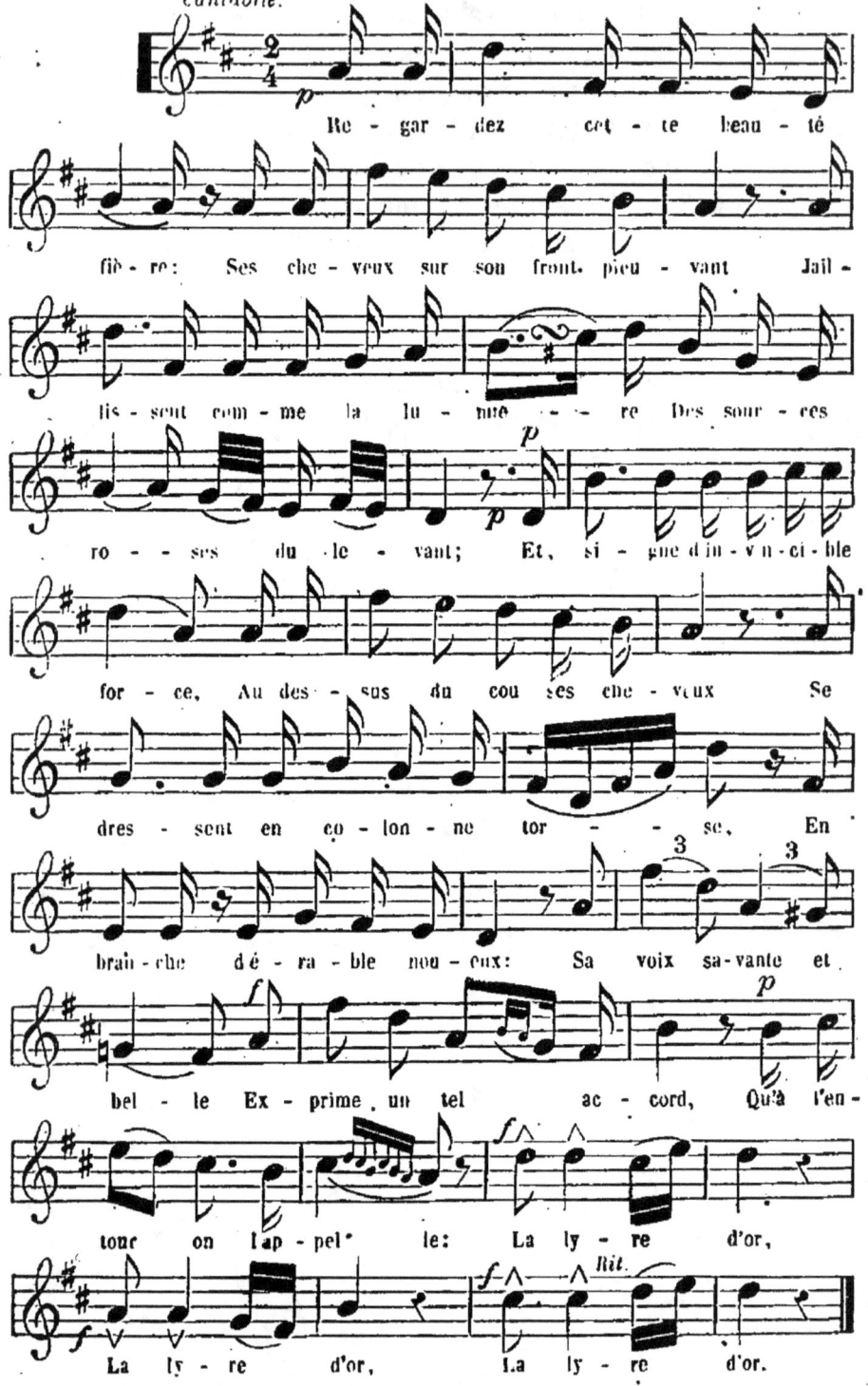

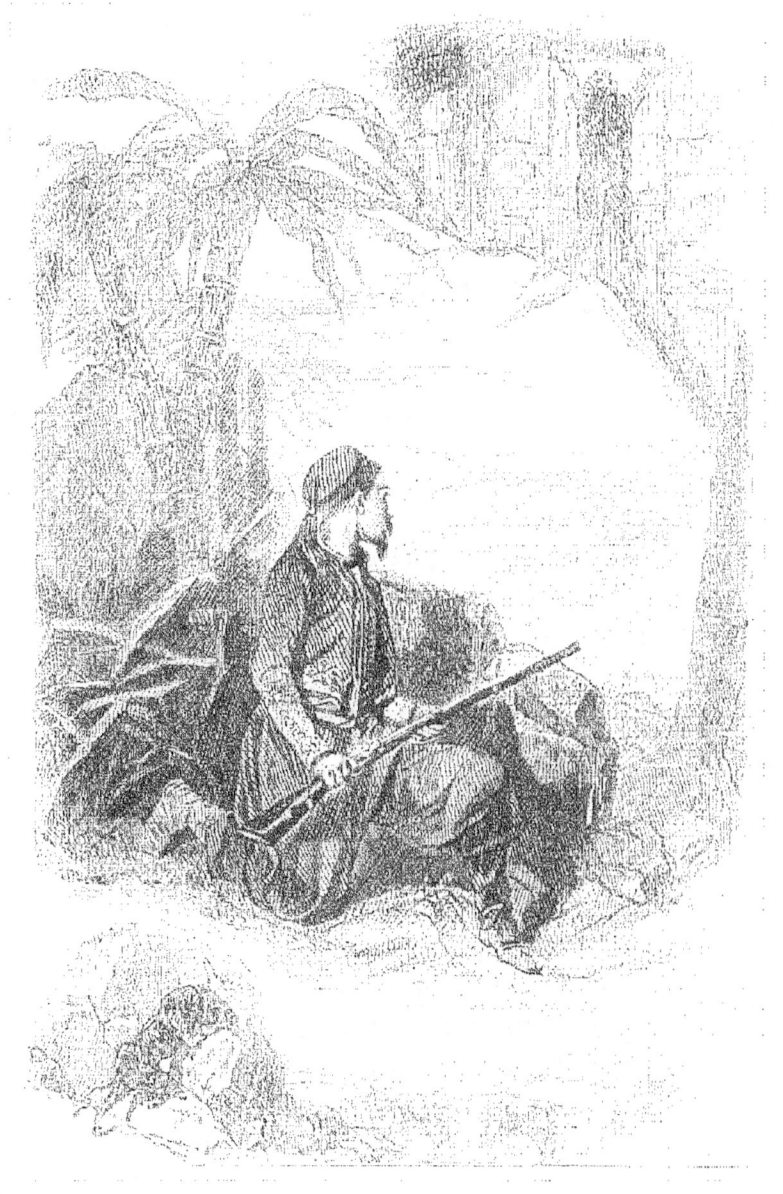

LE TUEUR DE LIONS.

Mes beaux lions aux crins dorés,
Du sang des troupeaux altérés,
Halte-là ! je fais sentinelle,
Et ma carabine mortelle,
Visant à la fauve prunelle,
Fait jaillir l'âme en flots pourprés.

Dans la torride solitude
Où vous régnez, rois redoutés,
Rien n'offense la quiétude
De vos farouches majestés.
Tigre, léopard et panthère,
Devant vous sont rampants et doux ;
Moi, je ris de votre courroux :
Je tiens dans mes mains le tonnerre.

Mes beaux lions aux crins dorés,
Du sang des troupeaux altérés,
Halte-là ! je fais sentinelle,
Et ma carabine mortelle,
Visant à la fauve prunelle,
Fait jaillir l'âme en flots pourprés.

Rois chasseurs, faites vos bourriches
Avec les plus nobles gibiers ;
Éventrez les daims et les biches,
Les renards et les sangliers.
Tenez-vous à l'écart des tentes
Où sont à l'abri nos colons,
Ne guettez pas en nos vallons
Les bœufs et les vaches errantes.

Mes beaux lions aux crins dorés,
Du sang des troupeaux altérés,
Halte-là ! je fais sentinelle,
Et ma carabine mortelle,
Visant à la fauve prunelle,
Fait jaillir l'âme en flots pourprés.

Quand le lion, quand la lionne,
Ont rôdé près d'une maison,
On me hêle, mon arme est bonne
Et mon œil perce à l'horizon.
Comme un boa, j'attends, je guette,
Ma balle, horrible guet-apens,
Siffle, et mord, comme les serpents,
Tantôt le cœur, tantôt la tête.

Mes beaux lions aux crins dorés,
Du sang des troupeaux altérés,
Halte-là ! je fais sentinelle,
Et ma carabine mortelle,
Visant à la fauve prunelle,
Fait jaillir l'âme en flots pourprés.

Je veux à ma mère chérie,
Avec la hampe d'un drapeau,

D'une lionne d'Algérie
En Hercule apporter la peau.
Près du bois où ma soif guerrière
S'allumait à tuer les loups,
Je veux clouer avec six clous
Ce grand trophée à ma chaumière.

Mes beaux lions aux crins dorés,
Du sang des troupeaux altérés,
Halte-là ! je fais sentinelle,
Et ma carabine mortelle,
Visant à la fauve prunelle,
Fait jaillir l'âme en flots pourprés.

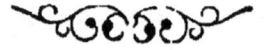

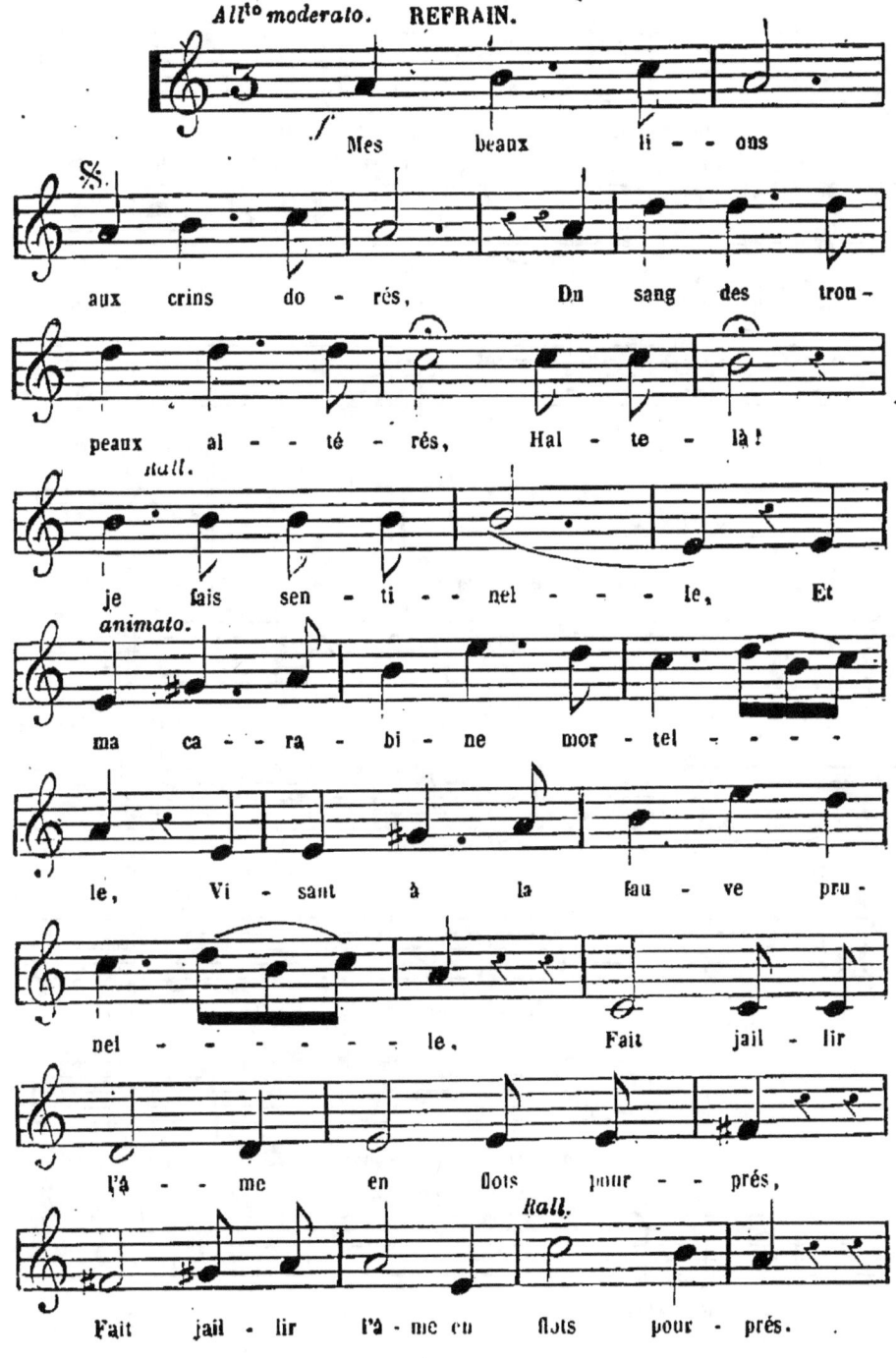

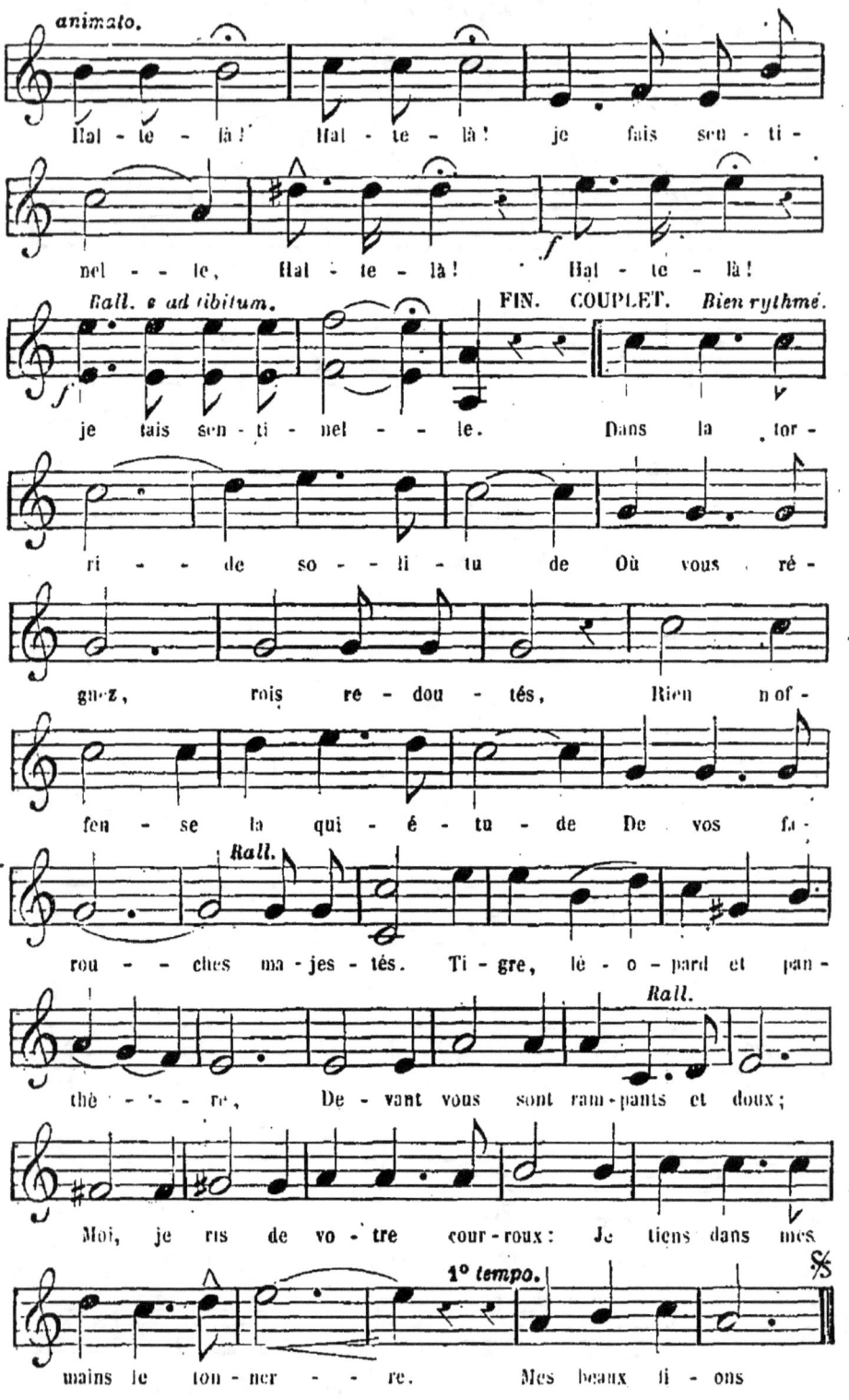

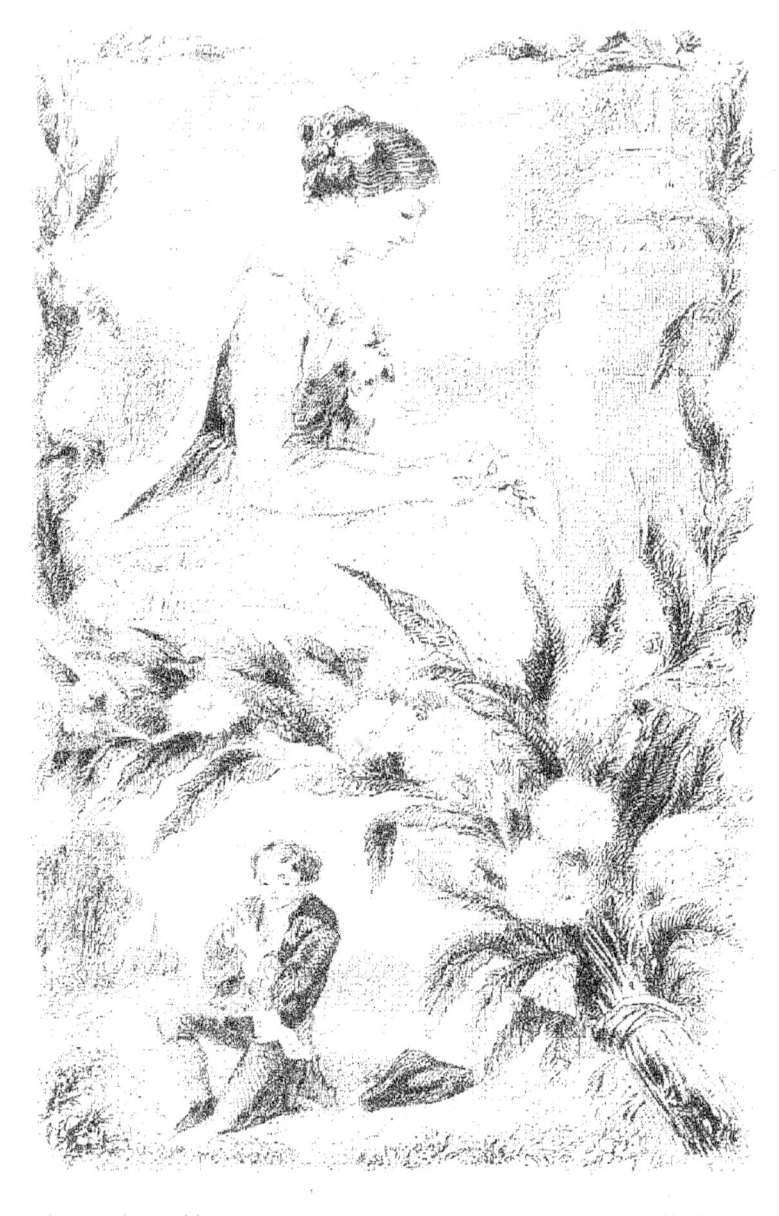

MARGUERITE.

Ma fleur, ce n'est pas la pervenche ;
Ma fleur d'amour, mon doux trésor,
C'est une marguerite blanche
Que nuance un beau reflet d'or.
Mais, las ! autour d'elle bourdonne
Essaim folâtre et dangereux :
Faut-il que sa blanche couronne
S'effeuille aux doigts des amoureux !

    Que Dieu t'abrite
    Contre l'aquilon,
    O marguerite,
    Astre du vallon !

Tes sœurs, moins que toi fortunées,
Heureuse fleur ! le plus souvent,
Dans la prairie abandonnées,
Voient leurs débris jetés au vent ;
Mais toi, l'ombrage d'un grand chêne
Te garantira des autans,
Et l'eau d'une claire fontaine
Éternisera ton printemps.

Que Dieu t'abrite
Contre l'aquilon,
O marguerite,
Astre du vallon!

Pourtant, s'il faut que l'on te cueille,
Que ce soit un naïf amant
Qui te répète à chaque feuille :
« Je l'aime passionnément,
Et, pour prix d'une telle flamme,
Je n'ose demander à Dieu
Qu'une parcelle de son âme.
Blanche fleur! m'aime-t-elle un peu? »

Que Dieu t'abrite
Contre l'aquilon,
O marguerite,
Astre du vallon!

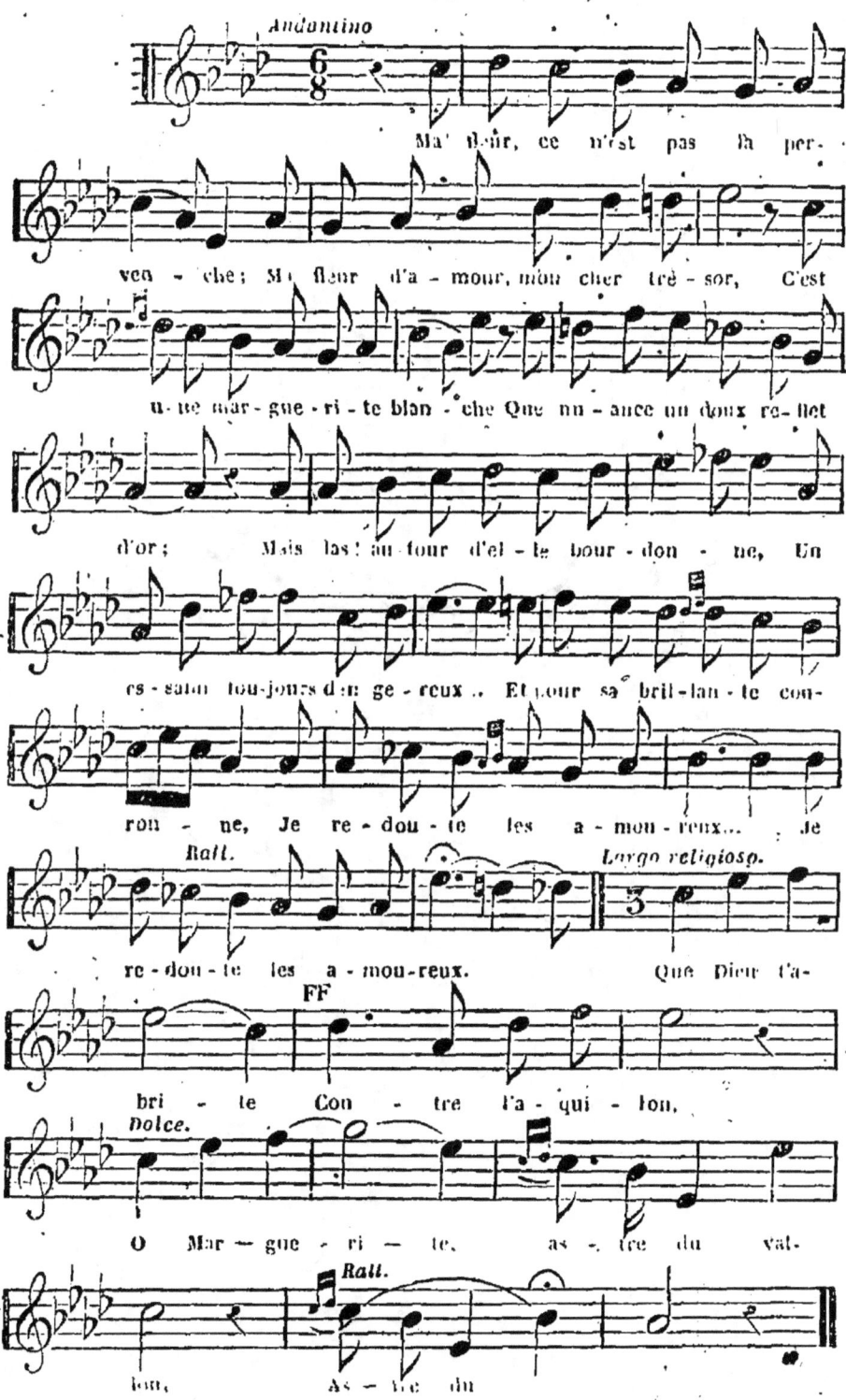

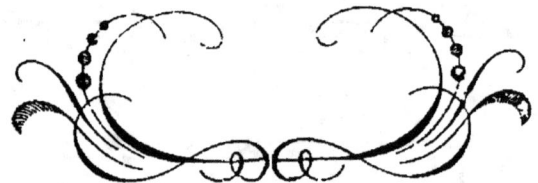

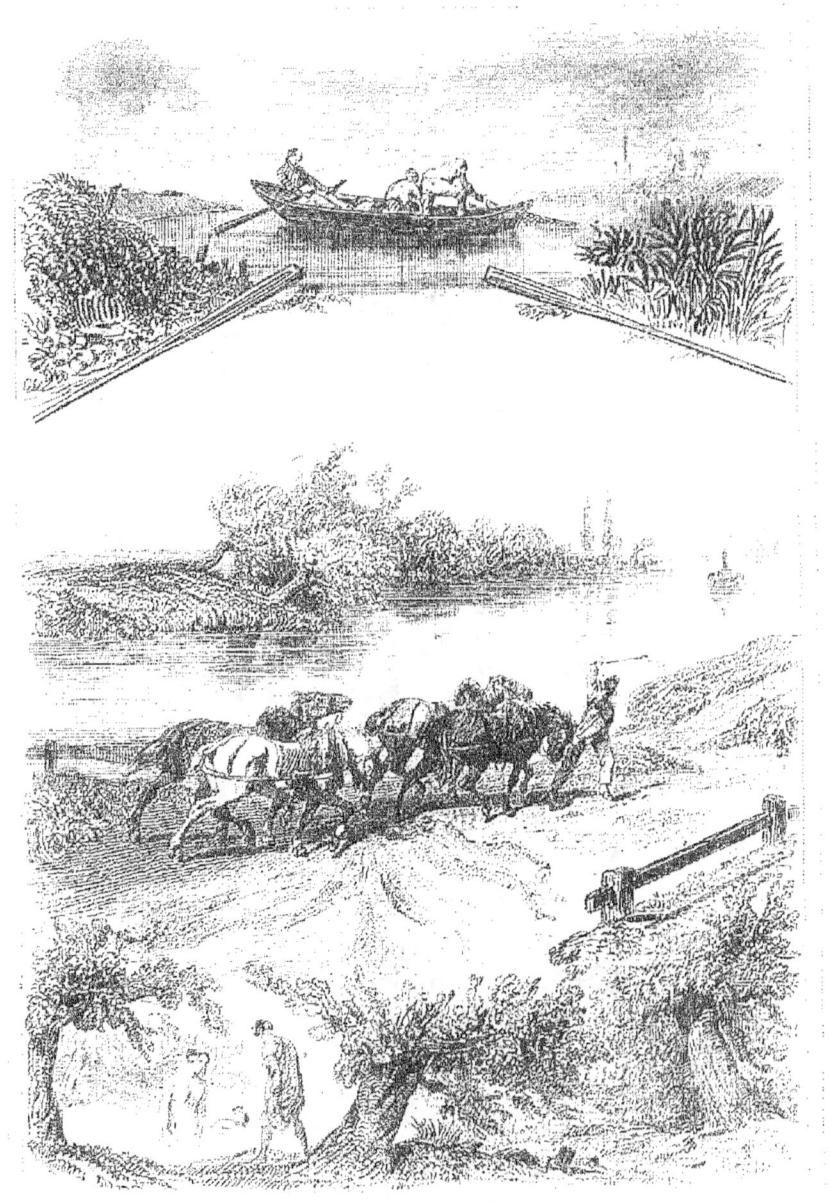

LA RIVIÈRE.

De l'abîme des mers
Les gouttes d'eau venues
Et par les arbres verts,
Filtrant du haut des nues,
Ont formé le ruisseau,
Le torrent plus rapide ;
Enfin la goutte d'eau
Coule en nappe limpide.

O miroir ondoyant !
Je rêve en te voyant,
Harmonie et lumière,
   O ma rivière,
O ma belle rivière !

On voit se réfléchir
Dans ses eaux les nuages ;
Elle semble dormir
Entre les pâturages,
Où paissent les grands bœufs
Et les grasses génisses.
Aux pâtres amoureux
Que ses bords sont propices !

O miroir ondoyant!
Je rêve en te voyant,
Harmonie et lumière,
  O ma rivière,
O ma belle rivière!

Près des iris du bord,
Sous une berge haute,
La carpe aux reflets d'or
Ou le barbeau ressaute,
Les goujons font le guet ;
L'ablette qui scintille
Fuit la dent du brochet :
Au fond rampe l'anguille.

O miroir ondoyant!
Je rêve en te voyant,
Harmonie et lumière,
  O ma rivière,
O ma belle rivière!

Au matin le pêcheur
Naviguant en silence,
Dans l'ombre et la fraîcheur
Cherche une petite anse ;
On le voit tournoyer,
Observer tous les signes.
Il jette l'épervier
Et relève ses lignes.

O miroir ondoyant!
Je rêve en te voyant,
Harmonie et lumière,
  O ma rivière,
O ma belle rivière!

Là, menant les bateaux
De bruyants équipages,
Mariniers et chevaux
Font sonner les rivages,
Ou bien c'est la vapeur
Troublant ces eaux tranquilles :
Le poisson qui prend peur,
Se cache vers les îles.

O miroir ondoyant !
Je rêve en te voyant,
Harmonie et lumière,
  O ma rivière,
O ma belle rivière !

Quand les feux des étés,
Semblent brûler la terre,
Un essaim de beautés
Descend vers la rivière ;
Sous ses hauts peupliers,
A l'ombre des bleus saules,
L'eau rafraîchit leurs pieds
Et leurs blanches épaules.

O miroir ondoyant !
Je rêve en te voyant,
Harmonie et lumière,
  O ma rivière,
O ma belle rivière !

Les jours sont différents !
Cette rivière douce,
S'il a plu par torrents
Se gonfle et se courrouce ;

Sur les épis en fleurs
Elle porte sa rage :
Du pauvre laboureur
L'espoir est à la nage.

O gouffre tournoyant,
Je frémis en voyant
Ta fougueuse colère,
  O ma rivière,
O terrible rivière!

LA RIVIÈRE.

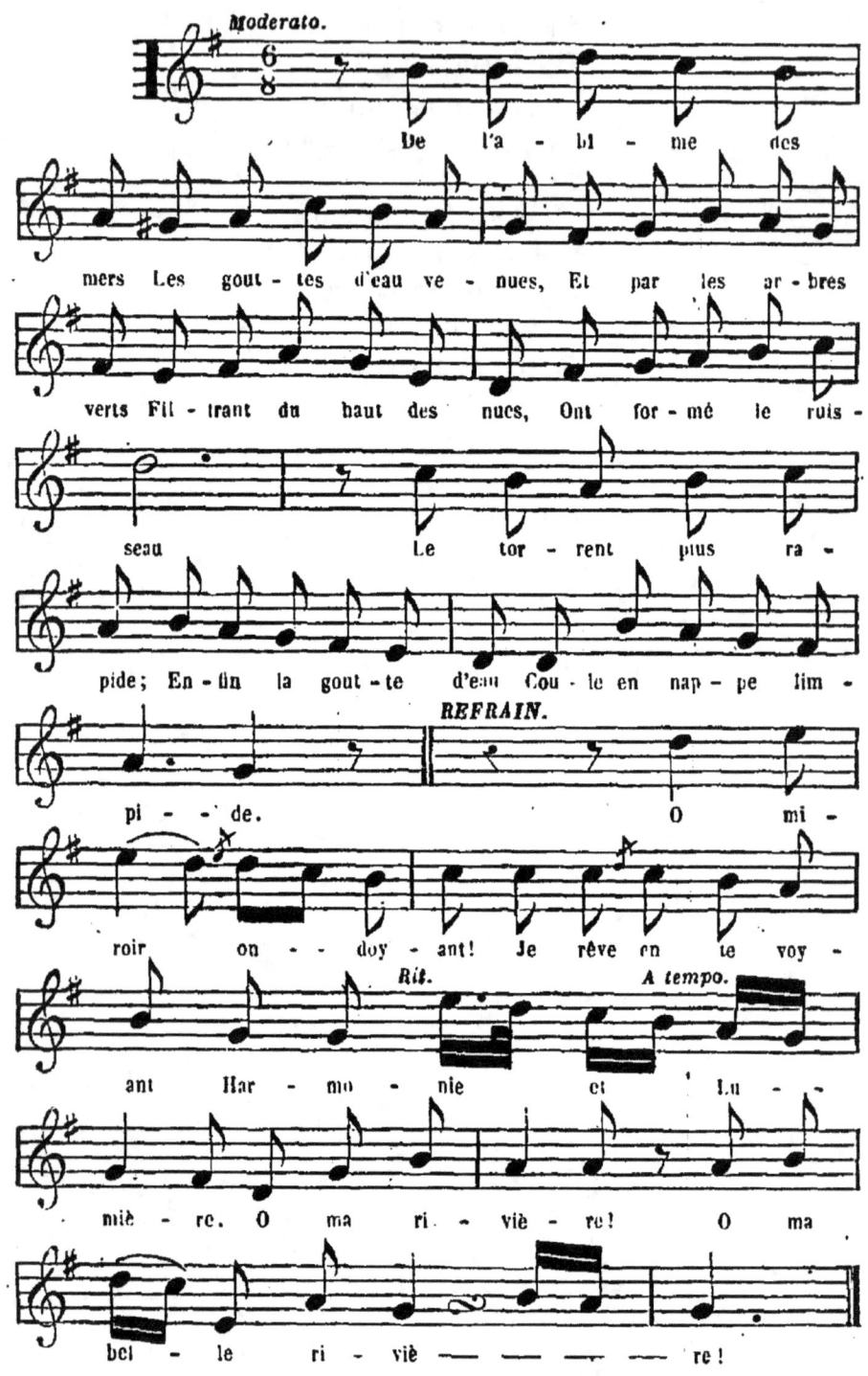

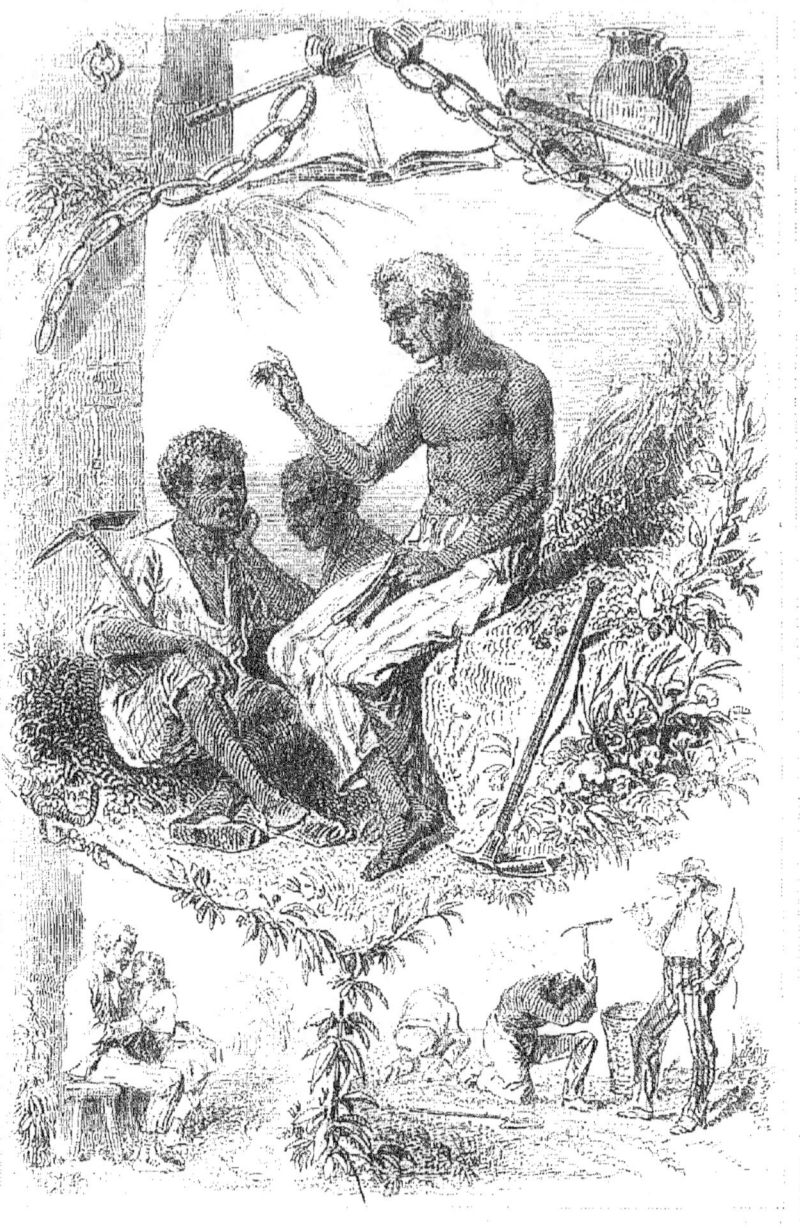

TOM.

CHANT DES NOIRS.

1852.

Nègres que l'antique esclavage
Sous un joug de fer tient courbés,
Du créateur la vive image
Ne luit plus sur nos fronts plombés ;
A peine si notre œil recèle
Du divin soleil un éclair ;
Et quand il jette une étincelle
Le fouet du blanc s'agite en l'air.

Quand finira notre misère !
Qui nous tirera du néant ?
Qui nous conduira dans la terre
  De Chanaan ?

Pour des colons ardents au lucre,
Qui nous menacent du bâton,
Nos labeurs font venir le sucre,
Le café d'or, le blanc coton.
Nous leur apportons la vanille,
Les grains du riz, le cacao ;
Ils nous laissent une guenille,
Un peu de maïs et de l'eau.

Quand finira notre misère!
Qui nous tirera du néant?
Qui nous conduira dans la terre
  De Chanaan?

Pourtant il arrive qu'un maître,
Prenant pitié de notre sort,
S'applique à nous faire connaître
Qu'un homme-Dieu pour tous est mort;
Dans la nuit où notre âme rampe
C'est un rayon tremblant d'espoir,
Comme la lueur d'une lampe
Au soupirail d'un cachot noir.

Quand finira notre misère!
Qui nous tirera du néant?
Qui nous conduira dans la terre
  De Chanaan?

Tom, dans une gentille case,
De ses négrillons entouré,
Près de sa femme paraphrase
Les versets du livre sacré;
Maître indulgent, douce maîtresse,
Lui font ce précieux loisir;
On le vend, un jour de détresse,
Tom! loin des tiens il faut partir!

Quand finira notre misère!
Qui nous tirera du néant?
Qui nous conduira dans la terre
  De Chanaan?

Mais Tom ne perd point trop au change :
Évangéline aux yeux d'azur,
Aux cheveux d'or, véritable ange,
Le fait conduire en un port sûr.
Le vieux Tom de soins l'environne
Met des fleurs dans ses vases blancs,
S'en fait comme une autre madone
Et ne la sert qu'à pas tremblants.

Quand finira notre misère !
Qui nous tirera du néant ?
Qui nous conduira dans la terre
    De Chanaan ?

Il faut qu'Évangéline meure,
Et son père bientôt la suit ;
Voilà de nouveau Tom qui pleure
Et qui retombe dans sa nuit.
Que sa destinée est amère !
Adieu l'espoir longtemps goûté
De voir ses enfants et leur mère,
Et d'obtenir sa liberté.

Quand finira notre misère !
Qui nous tirera du néant ?
Qui nous conduira dans la terre
    De Chanaan ?

Un nouveau maître le torture ;
Au sentiment de son devoir
Immolant sa forte nature,
Tom succombe comme un christ noir.

Instruments de la barbarie,
Quand ils expirent sous vos coups,
Le sang des noirs vers le ciel crie.
Craignez qu'il retombe sur vous !

Quand finira notre misère !
Qui nous tirera du néant ?
Qui nous conduira dans la terre
    De Chanaan ?

Mais voici qu'une grande aurore
Blanchit la cime des palmiers ;
L'Évangile nous dit encore :
Les derniers seront les premiers.
Une femme, ange à la voix douce (1),
Fait appel à tout l'univers
Pour que sans meurtre et sans secousse
Les nègres voient tomber leurs fers.

Quand finira notre misère !
Qui nous tirera du néant ?
Qui nous conduira dans la terre
    De Chanaan ?

(1) Mistress Harriett Beecher Stowe.

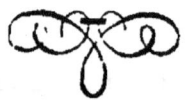

TOM.

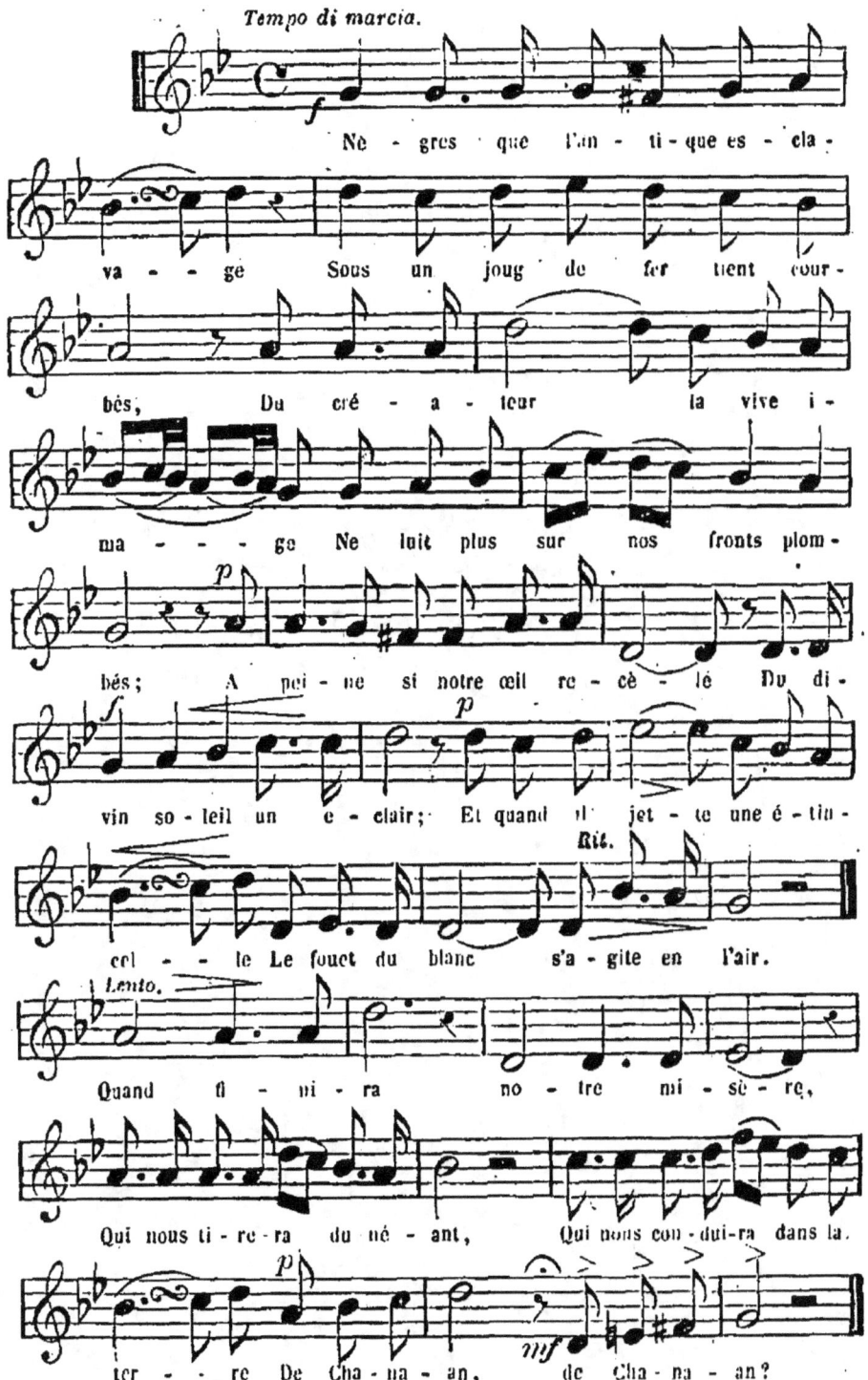

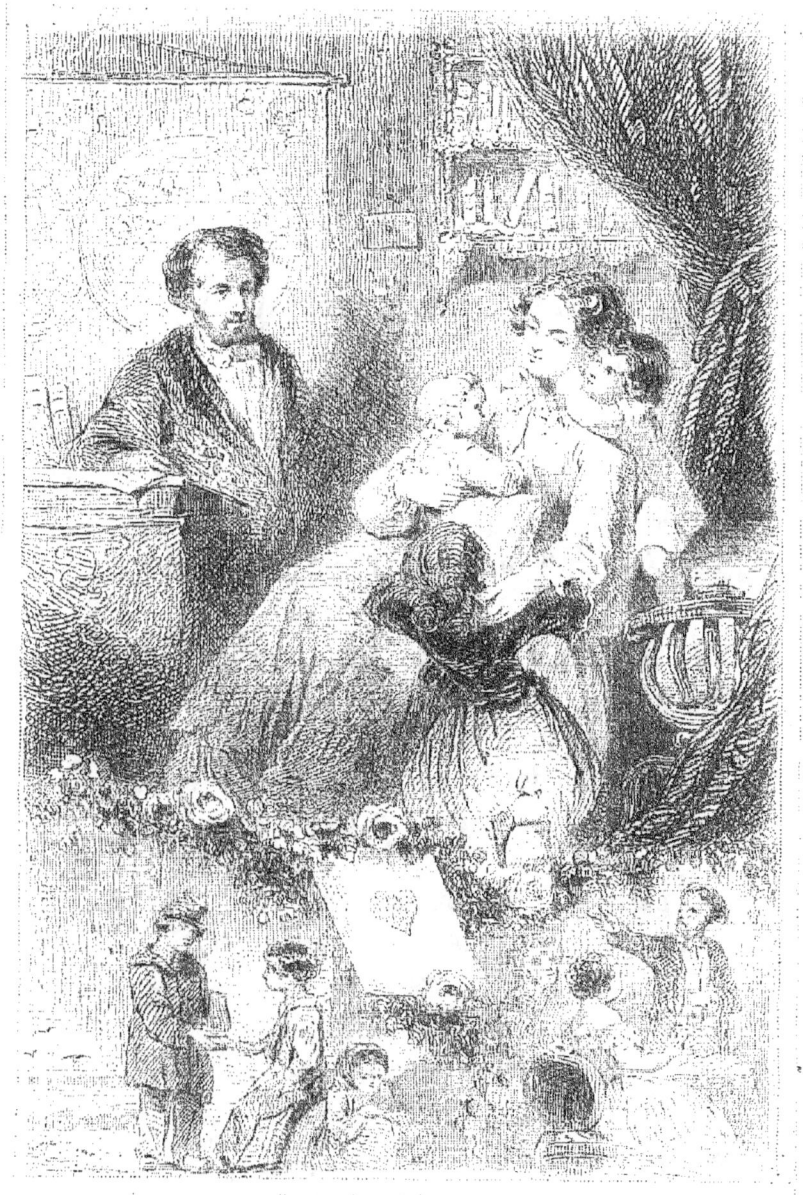

L'AS DE COEUR.

Maître Onésime était un beau joueur
Qui pariait toujours pour l'as de cœur.

Vers le collége, en petite casquette,
Quand il marchait enfant, mordant son pain,
Il avait soin d'en jeter quelques miettes
Aux gais moineaux accourus au chemin.
S'il rencontrait un enfant en guenilles,
Il s'arrêtait, sauf à doubler le pas,
Lui partageait son modeste repas,
Et par-dessus lui donnait de ses billes.

Maître Onésime était un beau joueur,
Qui pariait toujours pour l'as de cœur.

A dix-huit ans il fit quelques prouesses,
Par qui son nom bien vite s'illustra ;
Il eut des chiens, des chevaux, des maîtresses,
Et son blason célèbre à l'Opéra.
Mais bientôt, pris de ces fièvres sans trêve,
Long désespoir qu'on nomme spleen... enfin,
Las de mal vivre, il sut faire une fin,
En épousant l'objet du plus beau rêve.

Maître Onésime était un beau joueur
Qui pariait toujours pour l'as de cœur.

Imaginez qu'elle était blanche et pure,
Vrai lis des bois dans nos murs transplanté,
Bijou vivant, miracle de nature,
Type accompli de grâce et de beauté ;
Elle était bonne, et ses lèvres mi-closes
Avaient des mots de douceur pour chacun.
La belle fleur avait un doux parfum :
Rare attribut, privilége des roses.

Maître Onésime était un beau joueur
Qui pariait toujours pour l'as de cœur.

De cet hymen jaillit une lignée,
Une fillette et deux garçons rosés,
A mine ouverte et jamais rechignée,
Vrais diablotins en anges déguisés.
On leur disait, mainte leçon apprise :
« Ayez du cœur, et marchez toujours droit! »
On les rendait plus savants qu'on ne croit,
En leur donnant cette simple devise.

Maître Onésime était un beau joueur
Qui pariait toujours pour l'as de cœur.

Maître Onésime, hélas ! n'étant pas riche,
Eut à lutter avec les éléments :
Il défricha plus d'une terre en friche
Et sur la mer lança des bâtiments.
En tout péril, l'honneur fut sa boussole,

Il eut toujours son cœur pour gouvernail ;
Donnant à tous l'exemple du travail,
Il ne manqua jamais à sa parole.

Maître Onésime était un beau joueur
Qui pariait toujours pour l'as de cœur.

Or, écoutez le mot de la légende :
En sa jeunesse, un jour perdant au jeu,
Maître Onésime, en criant : Dieu m'entende !
Sur l'as de cœur avait mis double enjeu.
Il regagna le double de la somme.
Mis hors de lui par cet événement,
Maître Onésime avait fait le serment,
Sur l'as de cœur, d'être toujours un homme.

Maître Onésime était un beau joueur
Qui pariait toujours pour l'as de cœur.

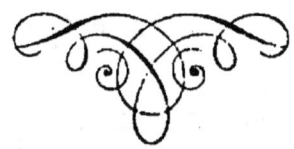

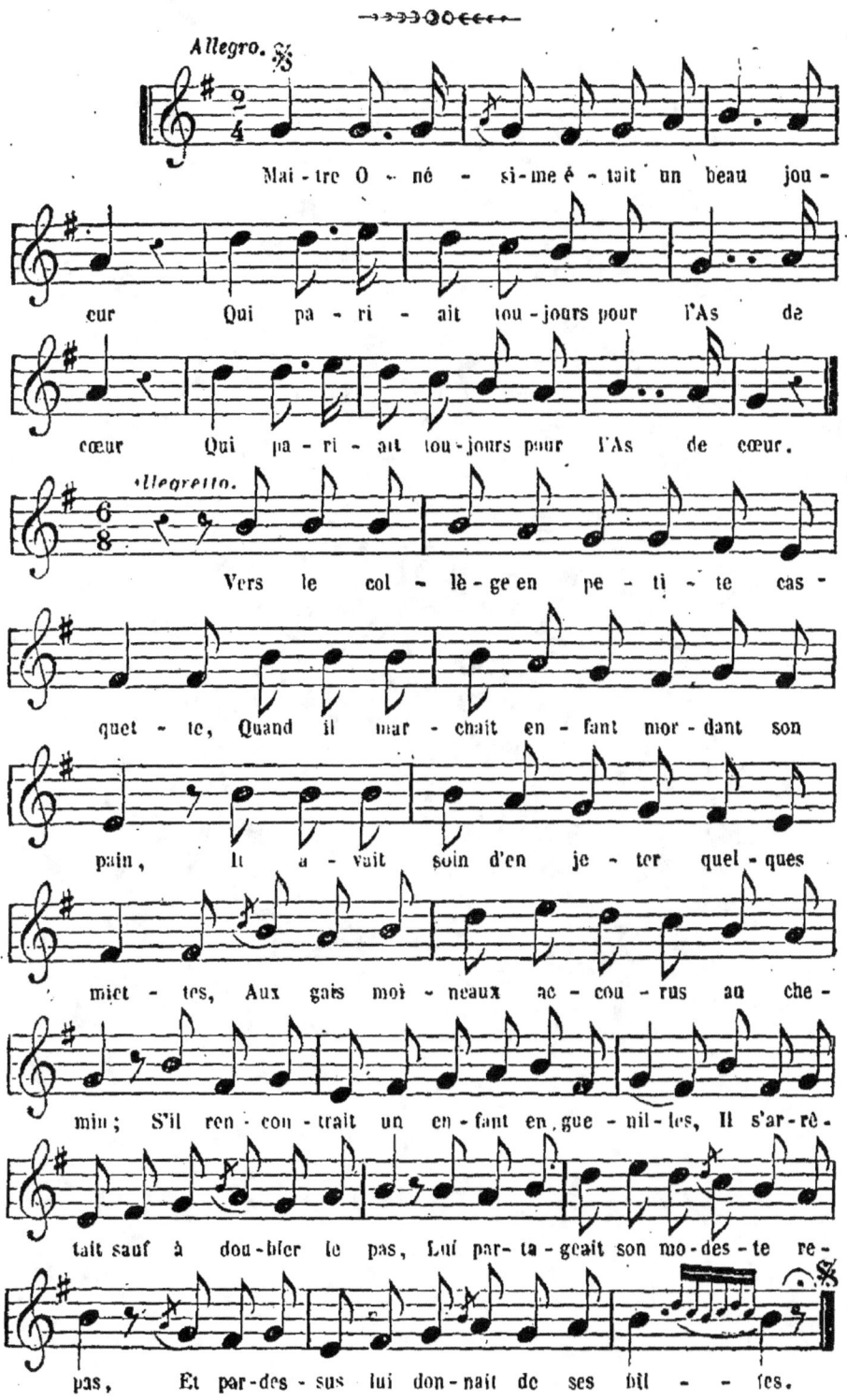

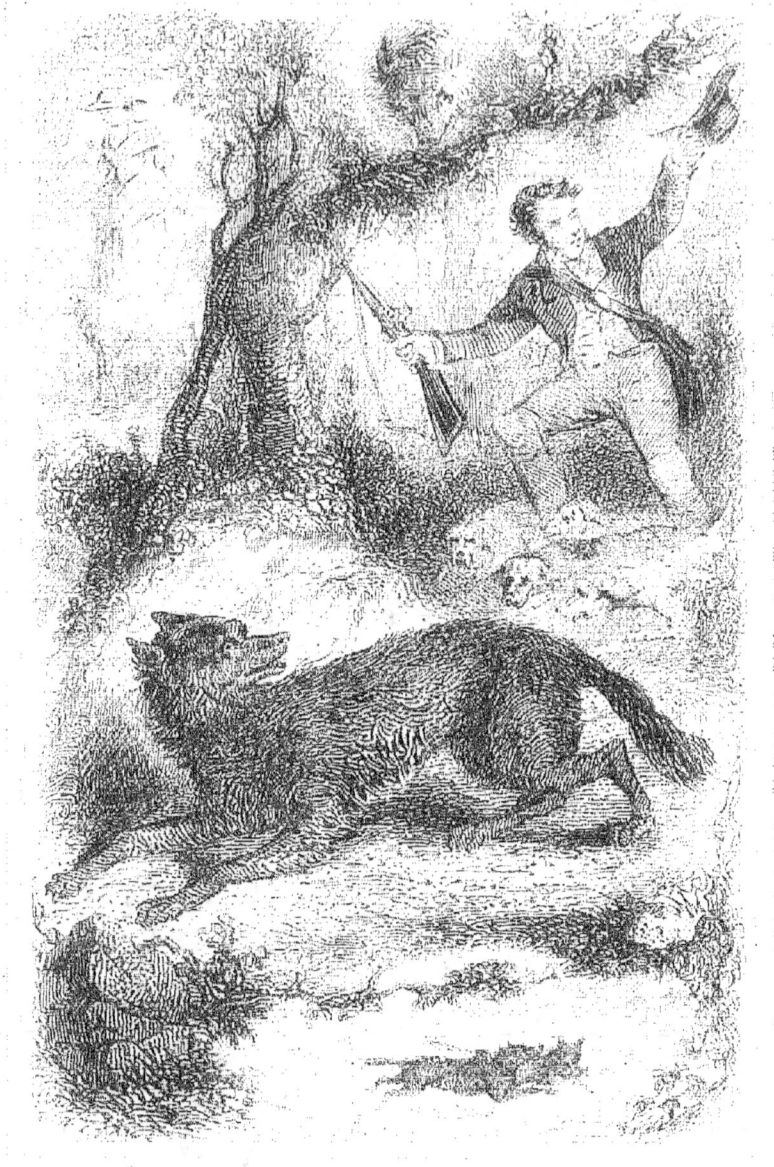

LA FANFARE DU LOUP.

Au loup ! au loup ! au loup !
De l'épaule à la tête,
Quand on atteint la bête,
Chasseur, c'est un beau coup !

Dans les prés que la brume
Couvre d'un manteau bleu,
La soif du loup s'allume
Avec ses yeux de feu,
La soif du loup s'allume.

Au loup ! au loup ! au loup !
De l'épaule à la tête,
Quand on atteint la bête,
Chasseur, c'est un beau coup !

Par les flocons de laine
Le loup est alléché ;
Sur le ventre il se traîne
Par les buissons caché,
Sur le ventre il se traîne.

Au loup ! au loup ! au loup !
De l'épaule à la tête,
Quand on atteint la bête,
Chasseur, c'est un beau coup !

Dans les moutons qu'on parque
Il choisit les plus beaux,

Et ses dents de la Parque
Remplacent les ciseaux,
Les ciseaux de la Parque.

Au loup! au loup! au loup!
De l'épaule à la tête,
Quand on atteint la bête,
Chasseur, c'est un beau coup!

Du troupeau qu'il décime,
Emportant le bélier,
Il mange sa victime
A l'ombre du hallier,
Il mange sa victime.

Au loup! au loup! au loup!
De l'épaule à la tête,
Quand on atteint la bête,
Chasseur, c'est un beau coup!

Voyez-vous ses dents blanches,
Et ses yeux, flambeaux clairs,
Luire à travers les branches
Comme de grands éclairs!
Voyez-vous ses dents blanches?

Au loup! au loup! au loup!
De l'épaule à la tête,
Quand on atteint la bête,
Chasseur, c'est un beau coup!

Que chacun reste en place!
Attention, chasseur,
Voilà le loup qui passe,
Mets-lui ta balle au cœur:
Voilà le loup qui passe!

Au loup! au loup! au loup!
De l'épaule à la tête,
Quand on atteint la bête,
Chasseur, c'est un beau coup!

Piqueurs, lancez la louve
Aux sanglants appétits :
Trois hurrahs! pour qui trouve
La louve et ses petits.
Piqueurs, lancez la louve!
Au loup! au loup! au loup!
De l'épaule à la tête,
Quand on atteint la bête,
Chasseur, c'est un beau coup!

Il faut purger la terre
De ces vils animaux
Dont la dent meurtrière
Est l'effroi des troupeaux;
Il faut purger la terre.
Au loup! au loup! au loup!
De l'épaule à la tête,
Quand on atteint la bête,
Chasseur, c'est un beau coup!

Jouez dans les bruyères,
Chevreuils, lièvres, lapins.
Menez en paix, bergère,
Vos brebis sous les pins.
Jouez dans les bruyères.
Au loup! au loup! au loup!
De l'épaule à la tête,
Quand on atteint la bête,
Chasseur, c'est un beau coup!

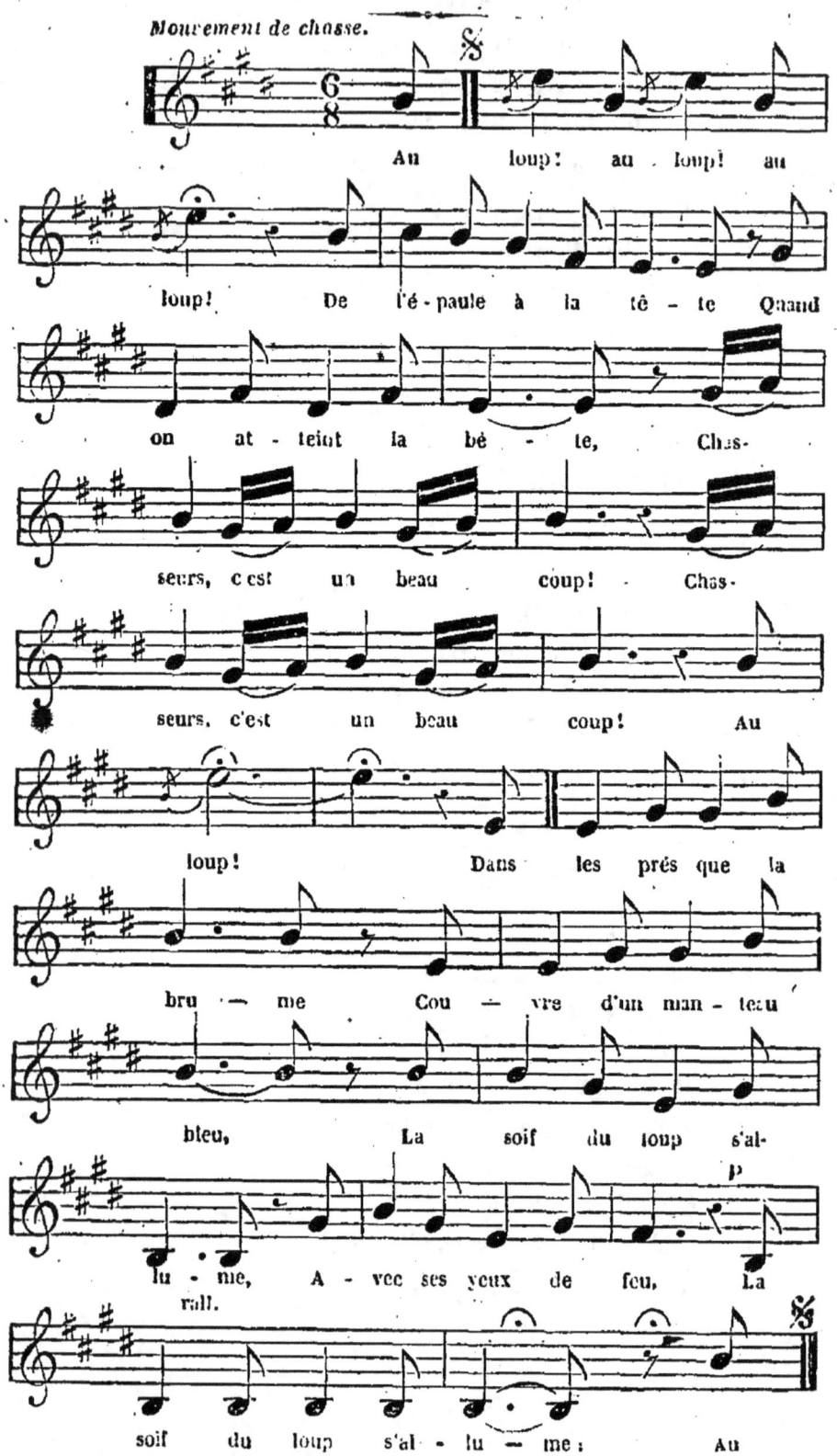

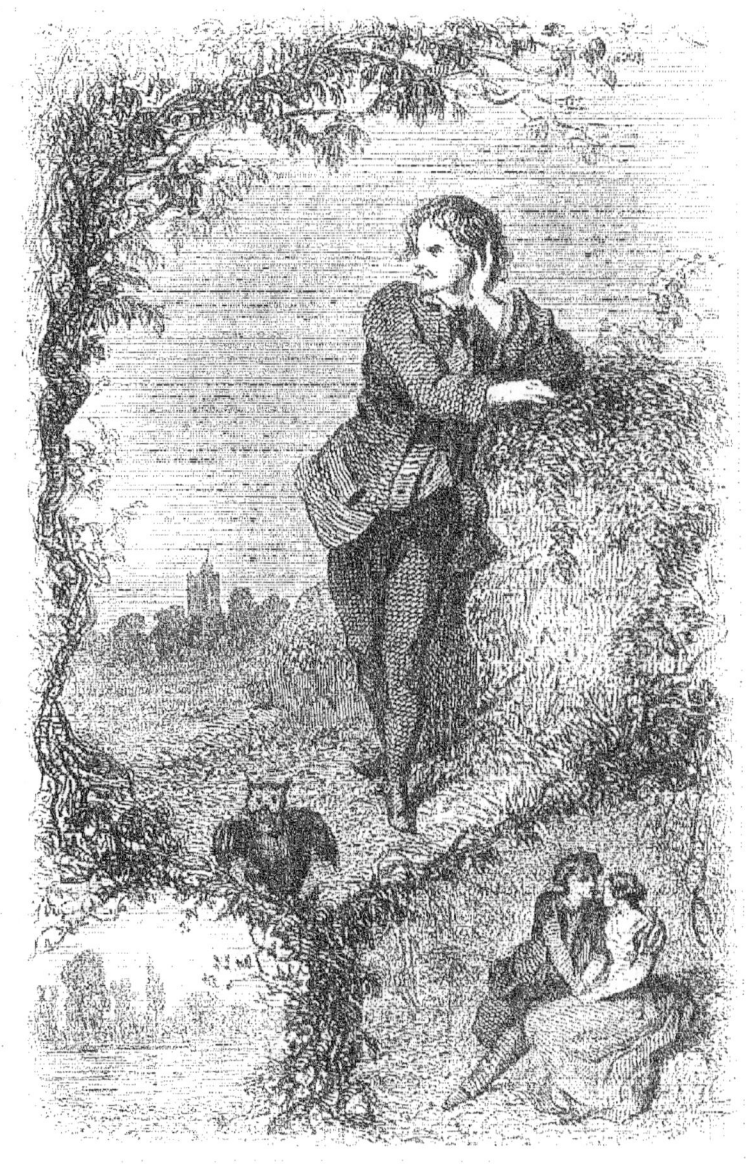

UNE NUIT.

Dans les prés nous allions chaque soir
Regarder se lever l'étoile,
Et ce soir ma paupière se voile.
Je t'attends sans espoir,
O ma pensée !
O ma fiancée !

Sous le bouleau
Dont la feuille tremble,
Nous demeurions si longtemps ensemble,
Sous le bouleau,
Auprès de l'eau.

Les troupeaux s'en vont à l'abreuvoir,
Le berger poursuit la bergère ;
Seul, errant sur la noire bruyère,
Je t'attends sans espoir,
O ma pensée !
O ma fiancée !

Sur nos amours,
O belle cruelle!
Le soir discret étendait son aile,
Sur nos amours,
Hélas! trop courts.

L'angelus a tinté, viens t'asseoir;
Le grillon sur la plaine crie,
Sa chanson berçait ma rêverie :
Viens combler mon espoir,
O ma pensée!
O ma fiancée!

Quand vient minuit,
Heure où l'amour veille,
Des rossignols la voix qui s'éveille
Charme la nuit,
Quand vient minuit.

Mon regard cherche en vain ton œil noir;
Ma main, ta chevelure blonde.
O beauté perfide comme l'onde!
Je t'attends sans espoir,
O ma pensée!
O ma fiancée!

Plus de serments,
A l'heure où la lune
Dore ou blanchit la colline brune,
Plus de serments,
De mots charmants.

O douceur ! ô divin nonchaloir !
Que troublait seulement l'aurore,
Ma beauté, t'en souvient-il encore ?
Tu fais mon désespoir,
O ma pensée !
O ma fiancée !

Nous revenions,
Lorsque l'aube en fête
Nous envoyait ses cris d'alouette
Et ses rayons,
Nous revenions.

UNE NUIT.

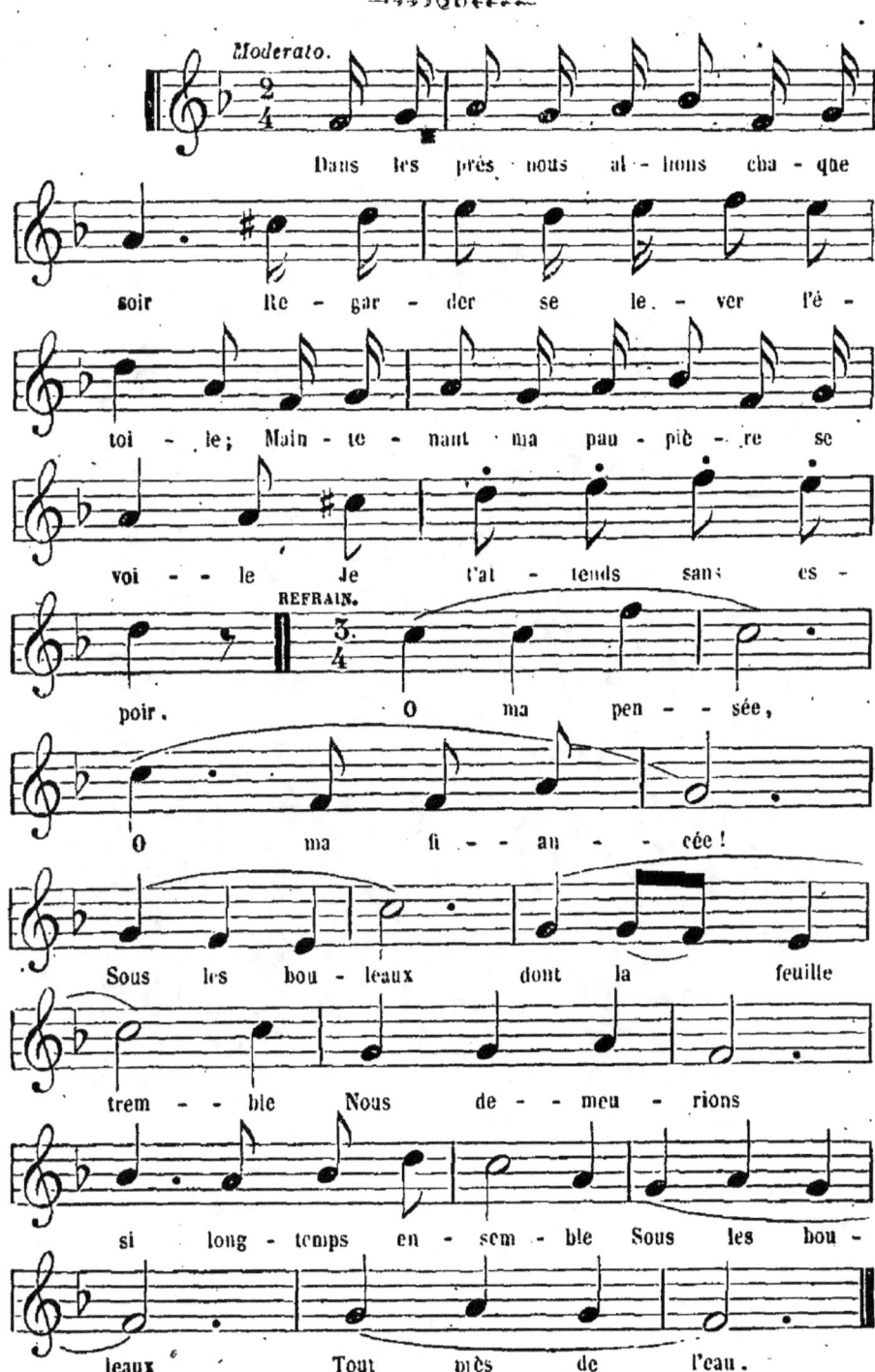

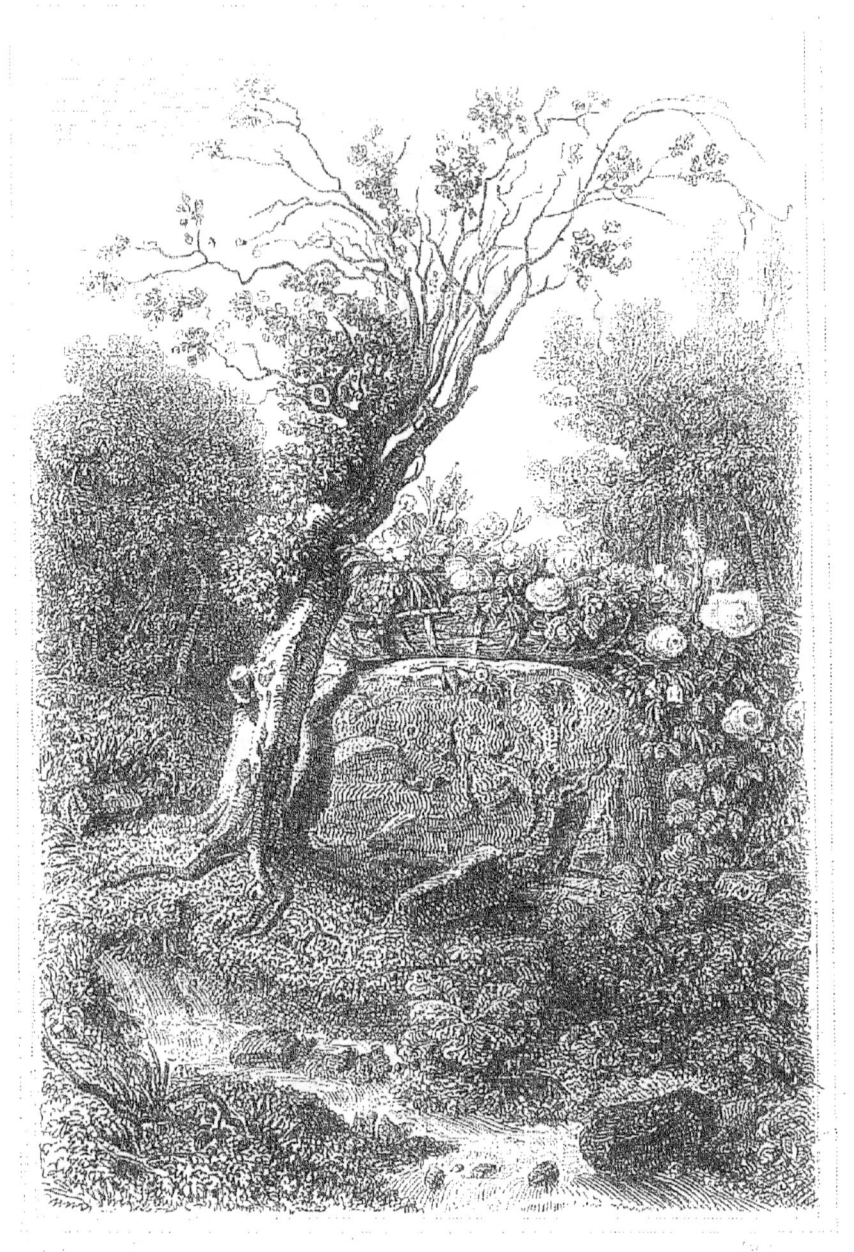

LE MOIS DE MAI

LE MOIS DE MAI.

Savez-vous où gîte
Mai, ce joli mois,
Qui s'enfuit plus vite
Que la biche au bois ?

Au sein des plus closes retraites
Que le printemps sait se choisir,
Dans la verdure et les fleurettes
Gîte ce doux mois du plaisir.
Les zéphires lui font cortége
Et de fleurs brodent les sentiers ;
Comme pour lui jeter leur neige,
Devant lui ploient les vieux pommiers.

Savez-vous où gîte
Mai, ce joli mois,
Qui s'enfuit plus vite
Que la biche au bois ?

Le soleil a quitté le signe
Du taureau sous les deux jumeaux.
Avec l'épi fleurit la vigne
Consolatrice de nos maux ;

Quel parfum de ces fleurs émane
Sur ces champs de pourpre voilés?
Quelle vive musique plane
D'oiseaux et d'insectes ailés?

 Savez-vous où gîte
 Mai, ce joli mois,
 Qui s'enfuit plus vite
 Que la biche au bois?

Avant l'aube part l'alouette :
Pour les oiseaux c'est le signal,
Chacun sur sa branche répète
Son petit refrain matinal ;
Au sein des blés la voix rappelle
De la caille ou de la perdrix ;
L'hirondelle au chaume fidèle
Perce l'air de ses petits cris.

 Savez-vous où gîte
 Mai, ce joli mois,
 Qui s'enfuit plus vite
 Que la biche au bois?

A midi les roches brûlantes
Redisent le chant des coucous,
Les tourterelles roucoulantes
Font vibrer les feuilles de houx ;
Quand la forêt deviendra brune,
Le rossignol aura son tour,
Aux fraîches clartés de la lune,
Pour achever l'hymne d'amour.

> Savez-vous où gîte
> Mai, ce joli mois,
> Qui s'enfuit plus vite
> Que la biche au bois?

Un sein de bergère où s'abrite
L'amour naissant au renouveau
Passe muguet et marguerite,
Fraîcheur de source et chœur d'oiseau.
Ah! que ma paysanne est belle,
Quand elle mène, vers le soir,
En bonnet rond et sans dentelle
Son troupeau blanc à l'abreuvoir.

> Savez-vous où gîte
> Mai, ce joli mois,
> Qui s'enfuit plus vite
> Que la biche au bois?

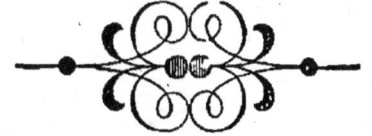

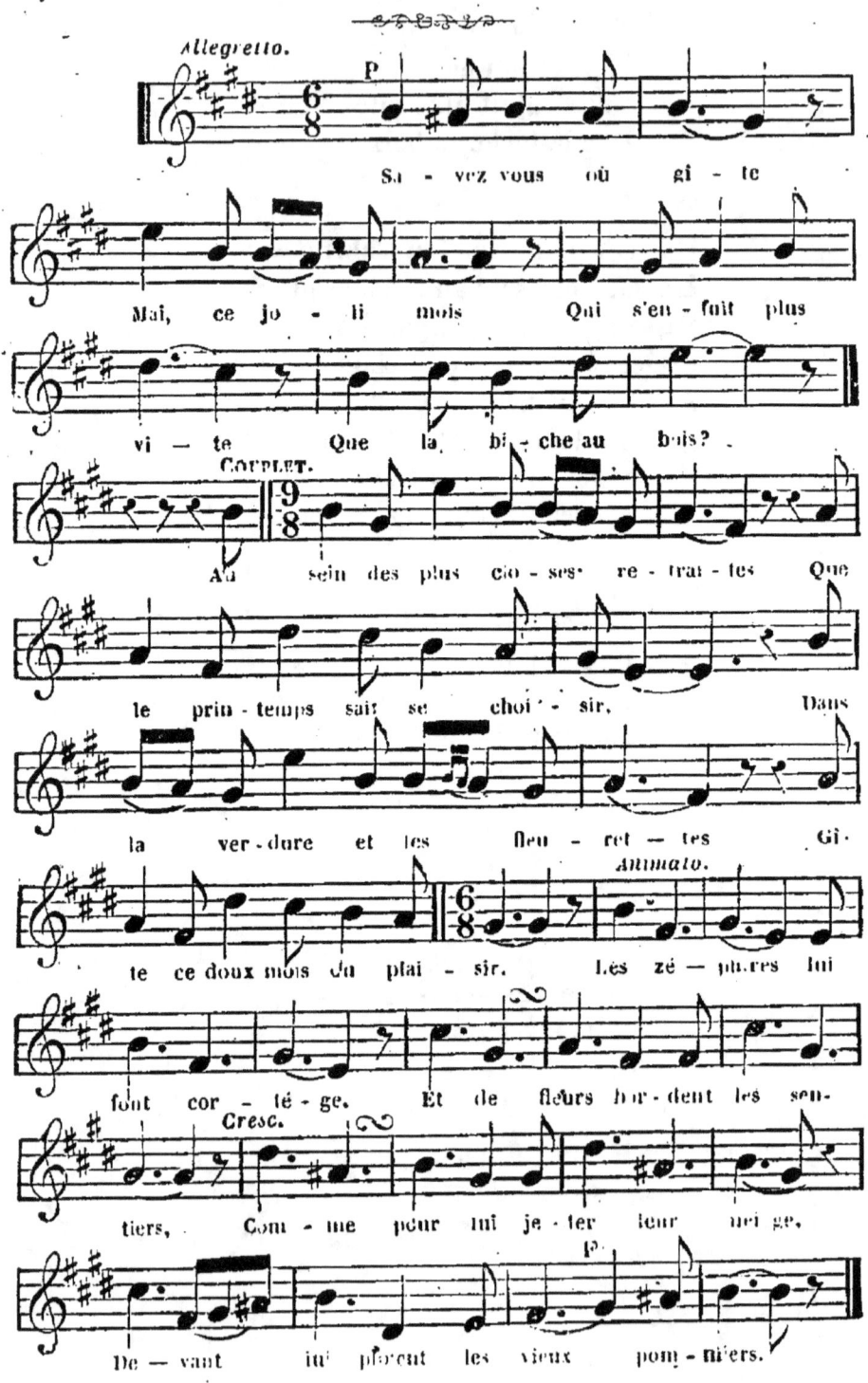

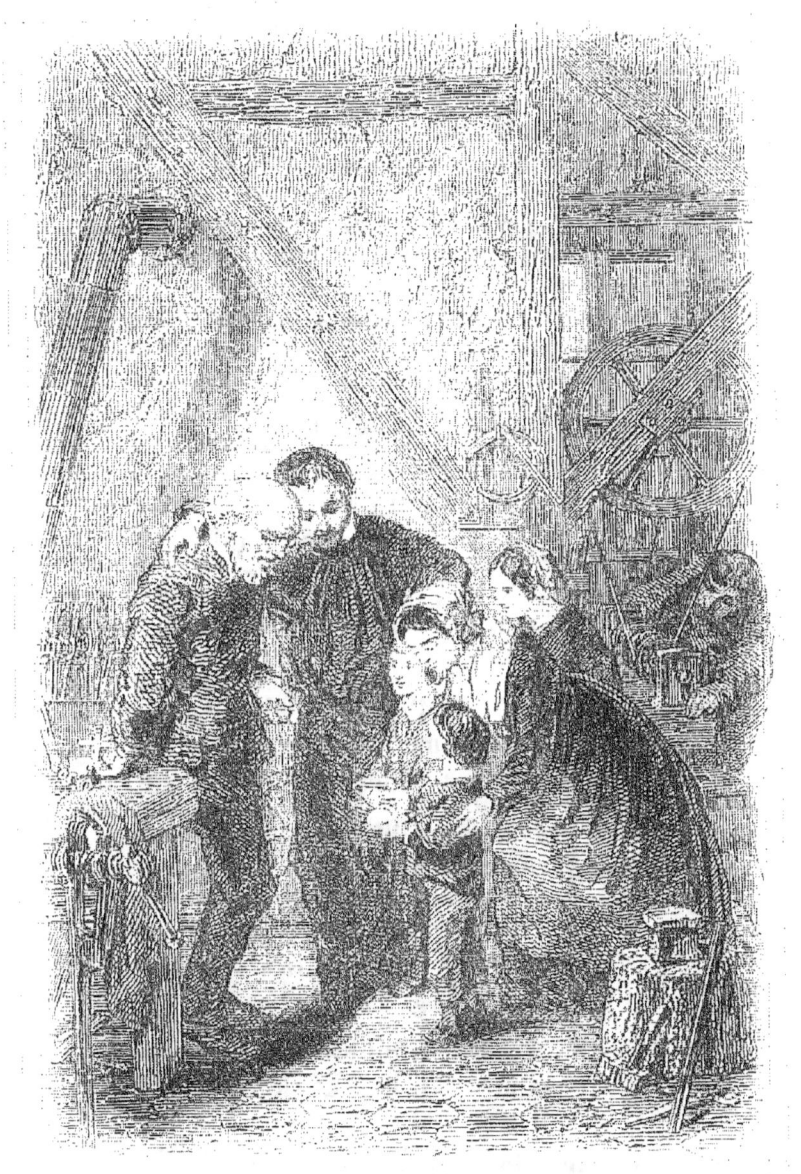

LA CHANSON DU JOUR DE L'AN.

Petits enfants, si je sais lire
    Dans ce rire,
Ce rire si rose et si blanc :
C'est aujourd'hui le jour de l'an.

Le beau jour de l'an, pour l'enfance,
Est toujours un événement ;
De brimborions quelle abondance,
En échange d'un compliment !
Pour leurs dents fines, mieux rangées
Que les petites dents des rats,
Que de bonbons et de dragées !
Ils ont des joujoux à pleins bras !

Petits enfants, si je sais lire
    Dans ce rire,
Ce rire si rose et si blanc :
C'est aujourd'hui le jour de l'an.

L'arbre de Noël, cette année,
Avait déjà porté son fruit ;
Jésus, dans votre cheminée,
Avait mis son présent, la nuit.
Huit jours sont un siècle, peut-être,
Pour vos petits gosiers d'oiseaux ;
Le jour de l'an, par la fenêtre,
Éclaire des présents nouveaux.

Petits enfants, si je sais lire
    Dans ce rire,
Ce rire si rose et si blanc :
C'est aujourd'hui le jour de l'an.

Chacun d'entre eux se précipite
Sur ses bonbons, sur ses joujoux ;
Vingt fois les prend, vingt fois les quitte,
Glisse dessus, roule dessous...
A chaque fois qu'on vous embrasse,
C'est un déluge de cadeaux ;
Du pantin la ficelle casse,
Et Polichinelle a bon dos.

Petits enfants, si je sais lire
    Dans ce rire,
Ce rire si rose et si blanc :
C'est aujourd'hui le jour de l'an.

Un tambour derrière l'épaule,
Trompette en bouche ou fifre aux dents,
C'est un petit fils de la Gaule,
Sabre au poing, et les yeux ardents.
Prends plutôt ce petit navire,
Ou cette bêche, ou ce compas !
Dans ton alphabet sais-tu lire,
Toi qui marches si bien au pas ?

Petits enfants, si je sais lire
    Dans ce rire,
Ce rire si rose et si blanc :
C'est aujourd'hui le jour de l'an.

Dans le jour pâle des mansardes,
Je vois des enfants demi-nus
Jouer avec de vieilles hardes,
De petits martyrs inconnus.
Enfants riches ! de leurs guenilles
N'ayez jamais peur en chemin ;
Donnez-leur un peu de vos billes,
Et tendez-leur de votre pain.

Petits enfants, si je sais lire
  Dans ce rire,
Ce rire si rose et si blanc :
C'est aujourd'hui le jour de l'an.

ENVOI A GAVARNI

SUR SON DESSIN : LE JOUR DE L'AN DE L'OUVRIER, QUI ACCOMPAGNE
La chanson du jour de l'an.

Sous des ais de charpente, en des murs bien bâtis,
Je vois un atelier et de simples outils :
L'engrenage, le tour, l'étau, le T, l'équerre,
Ce qui mesure, broie, assouplit la matière.
Devant son établi, debout, un grand vieillard
Qui porte sur son front les soucis de son art,
Dont au premier aspect la physionomie
Tempère la finesse avec la bonhomie,
Supporte doucement sur son dos mi-voûté
Son fils, homme de fer, doux et plein de fierté.
Une enfant déjà grande et sa mère, deux anges,
Dissemblables beautés et vertus sans mélanges,
Présentent par la main et sur le premier plan
Deux beaux petits garçons. Le premier jour de l'an
Se devine aux présents qu'ils offrent au grand-père.
Le vieillard, affectant une mine sévère,
Cache derrière soi, pour les montrer après
Avec plus de plaisir, des joujoux qu'il tient prêts :
C'est un moulin à vent aux deux ailes croisées,
Avec un bilboquet. Oh! les douces visées
Qui naissent dans l'esprit de ces naïfs parents !
Les moins enfants, je crois, ne sont pas les plus grands
Un artiste railleur dont le crayon s'aiguise
Sur le déshabillé de mainte Cydalise,
Par un contraste heureux qui retrempe son cœur
Et donne à son talent une jeune vigueur,
A buriné ces traits où vit tant d'espérance,
Où d'une belle eau bleue on voit la transparence.
Que d'avenir sommeille en ce tableau pieux !
Il met du baume à l'âme et repose les yeux.

Les enfants élevés dans cette humble atmosphère,
Gavarni! seront grands sans sortir de leur sphère.
Cette fête naïve et ce recueillement
Font aimer le travail. Ce bel enseignement
A découlé sans art de ton heureux génie
Qui laisse reposer un instant l'ironie.
C'est le cœur tout empreint de ta douce leçon,
Que je t'ai dédié cette frêle chanson.

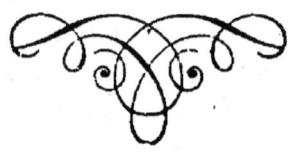

LA CHANSON DU JOUR DE L'AN.

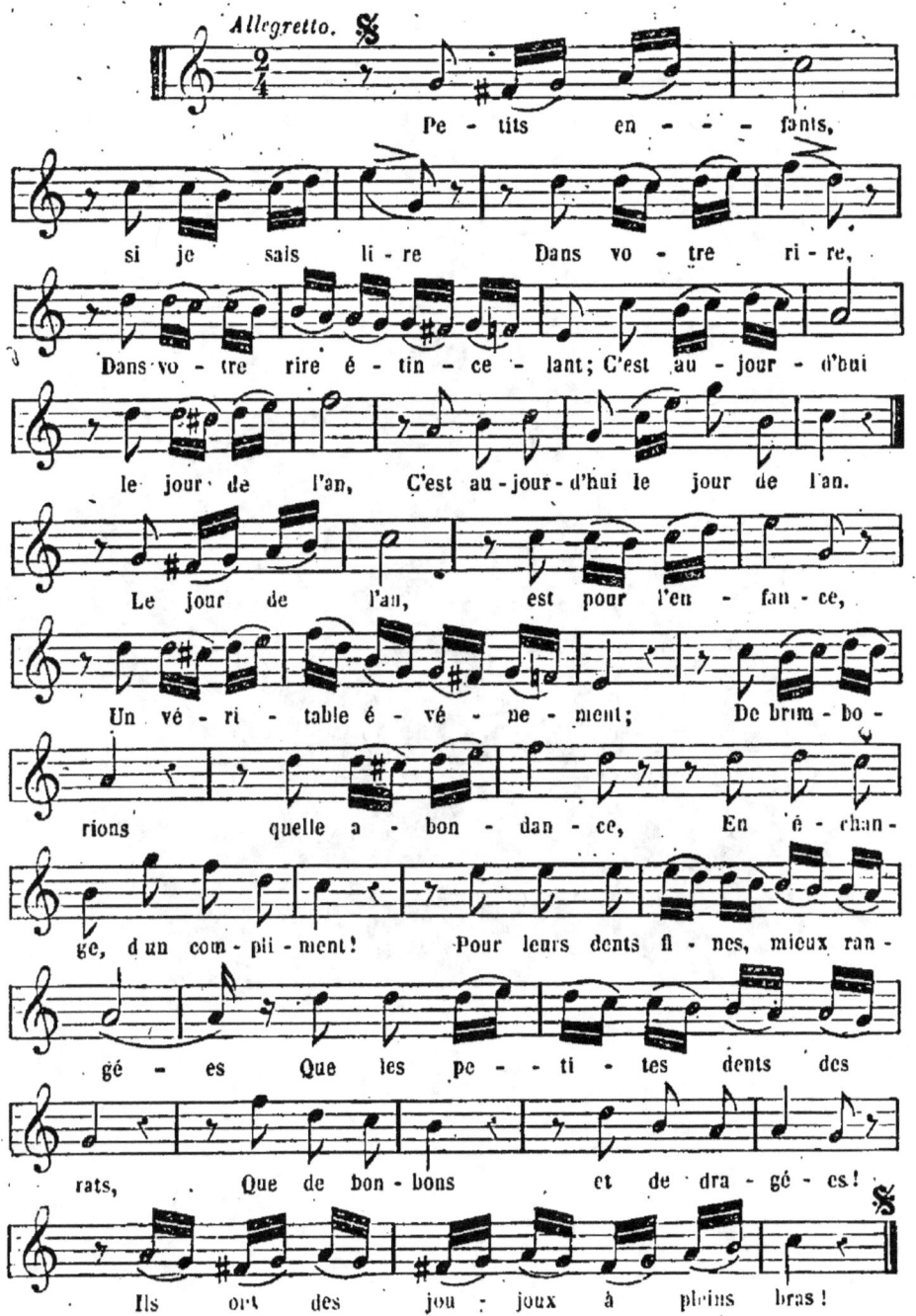

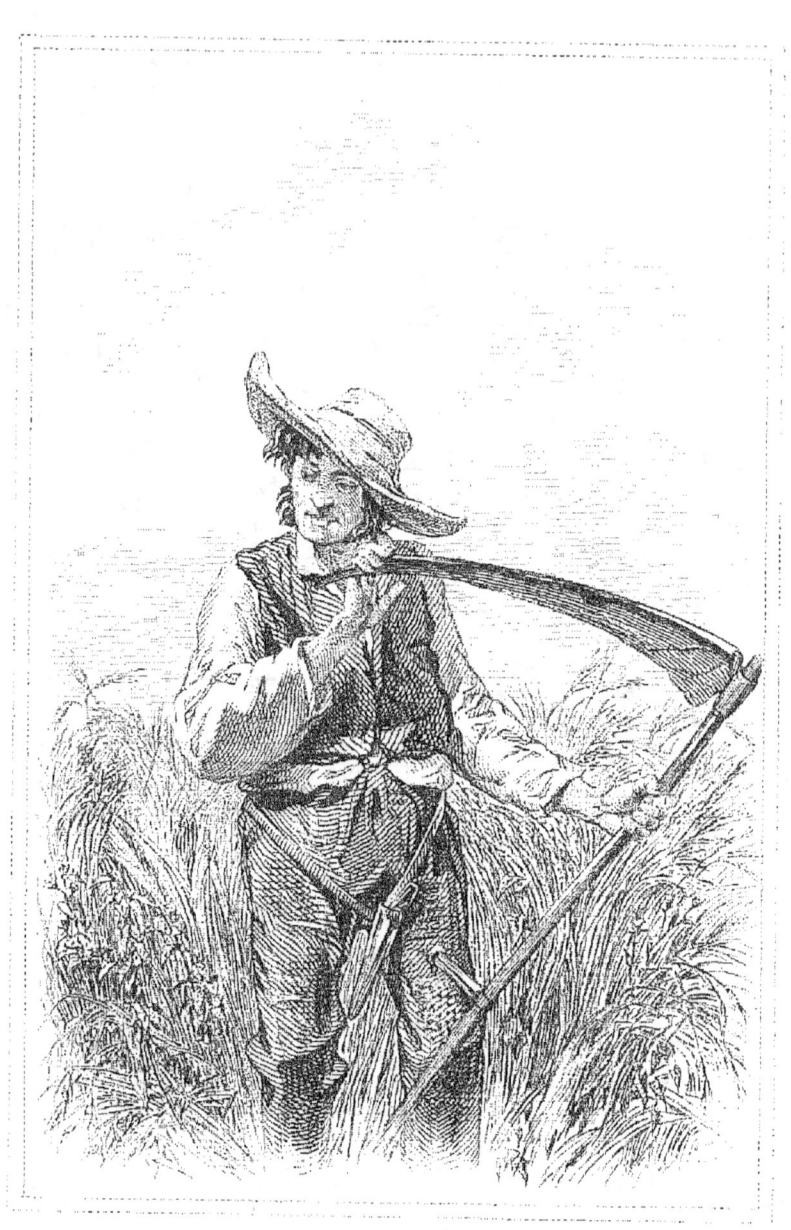

LA CHANSON DES FOINS.

Prends ta faux, ton bidon pour boire,
Prends ton marteau, ta pierre noire,
  Faucheur ! car c'est en juin
  Que l'on fauche le foin.

L'étoile du berger dispute
Un coin du ciel au matin blanc :
Le faucheur a quitté sa hutte,
Il arrive au pré d'un pas lent.
Il monte sa faux amincie
Par les coups du marteau carré,
Il l'aiguise afin qu'elle scie
Ras terre les herbes du pré.

Prends ta faux, ton bidon pour boire,
Prends ton marteau, ta pierre noire,
  Faucheur ! car c'est en juin
  Que l'on fauche le foin.

L'herbe au soleil levant moutonne,
Peinte de toutes les couleurs;
Dans les fleurs l'insecte bourdonne,
De la rosée il boit les pleurs.

Les épis sèment leur poussière
Dans le feu de la floraison ;
On sent une odeur printanière
Monter des foins à l'horizon.

Prends ta faux, ton bidon pour boire,
Prends ton marteau, ta pierre noire,
    Faucheur ! car c'est en juin
    Que l'on fauche le foin.

La faux s'en va de droite à gauche,
Avec un rhythme cadencé ;
L'herbe, à mesure qu'on la fauche,
Tombe et s'aligne en rang pressé.
De mulots une bande folle
Est interrompue en ses jeux ;
Oiseaux, abeilles, tout s'envole ;
La couleuvre est coupée en deux.

Prends ta faux, ton bidon pour boire,
Prends ton marteau, ta pierre noire,
    Faucheur ! car c'est en juin
    Que l'on fauche le foin.

Courbé, le faucheur se démène,
Inondé de larges sueurs ;
Sur ses pas la mort se promène,
Elle tranche le fil des fleurs.
De temps en temps il fait sa pause
Pour mouiller son gosier en feu ;
A midi son front lourd se pose
Sur l'herbe sèche ; il dort un peu.

Prends ta faux, ton bidon pour boire,
Prends ton marteau, ta pierre noire,
    Faucheur ! car c'est en juin
    Que l'on fauche le foin.

Pendant ce chaud sommeil il rêve
D'éclatante prospérité :
Deux fois les arbres ont la séve,
Deux fois les brebis ont porté.
Le fenil, le grenier, la grange,
Par les récoltes sont rompus.
On chante, on danse, on boit, on mange :
Tous les affamés sont repus.

Prends ta faux, ton bidon pour boire,
Prends ton marteau, ta pierre noire,
 Faucheur ! car c'est en juin
 Que l'on fauche le foin.

Réveille-toi de ce beau songe,
Travaille encore jusqu'au soir ;
Seulement que vers toi s'allonge
Le rayon lointain de l'espoir.
L'herbe est coupée, et les faneuses
Viennent avec leurs longs râteaux,
En chantant des chansons joyeuses....
Faucheur, laisse dormir ta faux !

Prends ta faux, ton bidon pour boire,
Prends ton marteau, ta pierre noire,
 Faucheur ! car c'est en juin
 Que l'on fauche le foin.

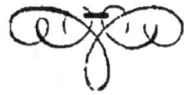

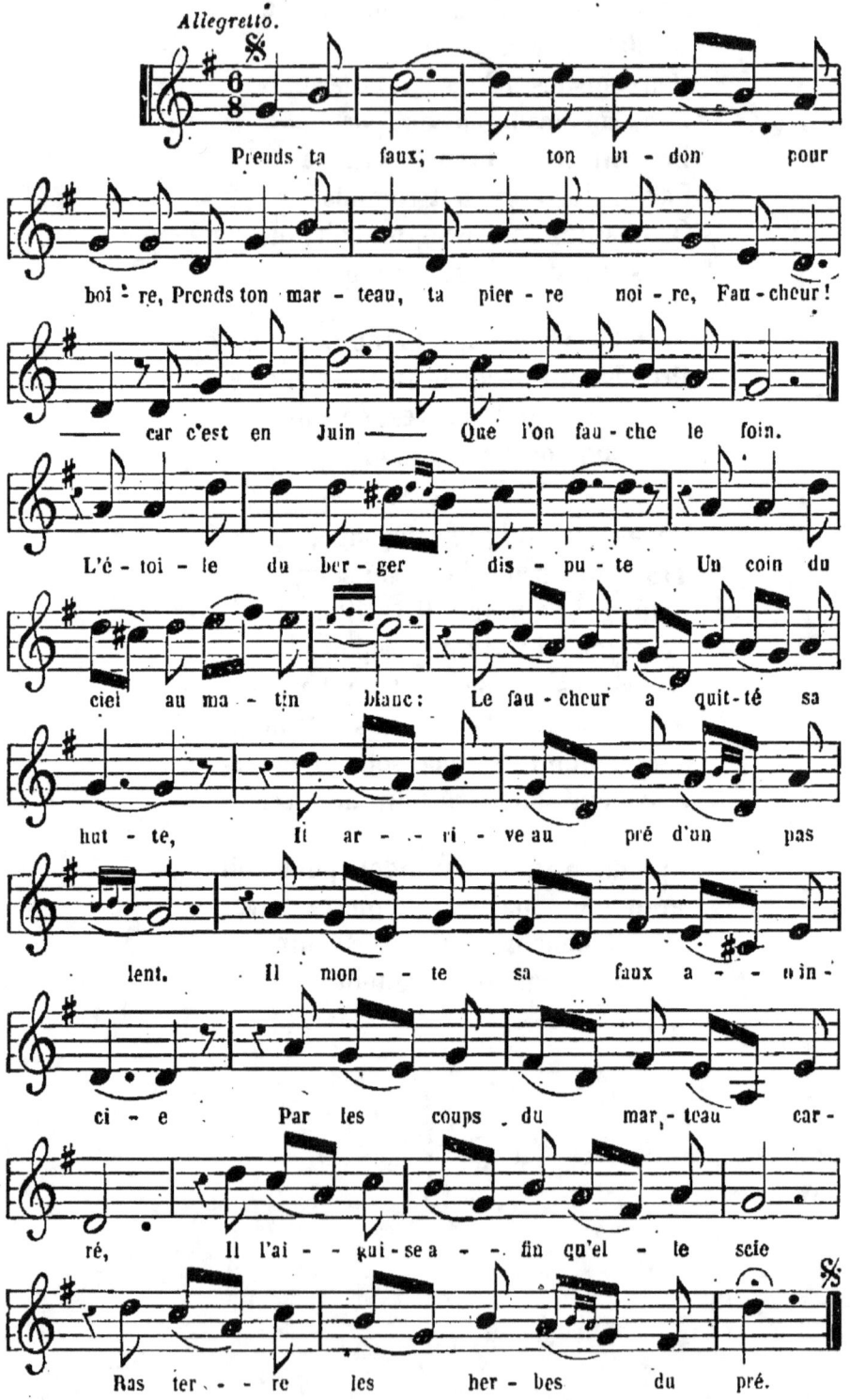

LA CHANSON DES FOINS.

NOTES

DU TOME TROISIÈME.

¹ LES SAPINS.

La première strophe de ce chant n'est pas un récit de fantaisie, elle rappelle un souvenir vrai. L'auteur, à l'âge de onze à douze ans, suivait une leçon de botanique dans un vallon étroit, verdoyant et légèrement accidenté, quand, au détour du chemin, il aperçut devant lui, pour la première fois de sa vie, une forêt de sapins qui lui parut noire tant elle était sombre, sur la pente d'une haute montagne. Ce contraste produisit sur lui un grand effet d'admiration qu'il a essayé de traduire, plus de vingt ans après, dans cette prière :

Dieu d'harmonie et de beauté.

² L'AIGUILLE.

Est une chansonnette d'atelier. Anoblir le travail en faisant de l'aiguille l'image du progrès et en l'insérant au blason de l'ouvrière, tel a été le but de cette petite œuvre, qui demande à être chantée fort légèrement et avec un rhythme de valse.

3

Le jardin retiré, le village avec ses types, et la promenade au loin, ont inspiré *la Pensée, le Barbier de village, le Voyageur à pied*. Faire ressortir la poésie de la vie réelle, idéaliser les actions les plus humbles dans le but de faire aimer à chacun son état et de varier les situations les plus monotones, telle est la pensée qui a donné naissance à toutes les poésies de ce genre, qu'on reconnaîtra facilement dans le cours de cet ouvrage.

⁴ LA FÊTE DU CHAMP DE MARS.

Le 21 mai 1848, il y eut au Champ de Mars une fête populaire dont cette pièce donnait une description rustique en l'honneur des paysans de France qui s'y étaient rendus en foule.

5 LA CHANSON DU BANQUET.

La date de ce chant rappelle qu'il a été fait au moment où le gouvernement de Louis-Philippe venait de lancer une ordonnance contre le banquet dit de la réforme. La poésie, quand elle touche aux événements publics, n'est le plus souvent qu'un reflet de l'opinion. On voit assez clairement dans ces vers un pressentiment de la révolution qui allait éclater.

6 LA SÉRÉNADE DU PAYSAN.

Cette sérénade était un enfant perdu de ma muse, et je l'avais presque oubliée, quand au bout de deux ans l'air m'en est revenu, et j'avoue que j'y ai trouvé une saveur toute rustique. Je laisse à juger au lecteur si je ne me laisse point égarer par une faiblesse paternelle. P. D.

7 L'ENTRÉE AU CAVEAU.

Cette entrée au caveau, faite, on le voit à la date, avant les chants rustiques populaires, n'est qu'un pastiche du genre ancien à l'intention de messieurs du Caveau qui ont bien voulu y sourire et encourager par là le début d'un auteur ignoré.

8

Le Roi de la Roche n'était qu'un canevas de musique, et la Jeune fille d'Inspruk une histoire vraie tirée des nouvelles diverses.

9 LE VAGUE.

La gravure qui accompagne cette romance est de Tony Johannot, la dernière qu'il ait faite avant de mourir, le 4 août 1852.

Cher Tony Johannot! enlevé aux arts avant l'âge, il est allé rejoindre les types gracieux de sa pensée dans le pays des songes.

10 ADIEUX DE LA MARIÉE.

Couplets tirés d'une espèce de vaudeville rustique en vers qui reste dans les cartons de l'auteur à titre d'essai.

11 LES BORDS DE LA SAONE.

Le chemin de fer de Lyon côtoie mais a respecté les deux beaux peupliers qui servent de limite aux petits villages de Collonges et de Fontaine, à l'angle de l'ermitage Guillot, et font face à Rochetaillée-sur-Saône, où l'auteur a passé une si heureuse enfance. C'est sous leur ombrage même qu'il a trouvé ces vers, des premiers qu'il ait gardés, parce qu'ils expriment sans effort son ambition la plus vraie. C'est aussi la première mélodie qui lui soit venue en 1839, c'est-à-dire six ans avant la chanson rustique des *Bœufs*.

12 MON AÏEULE.

Quoique je ne me fasse pas juge en gravure ni en dessin, et que je voie bien ici quelque inexpérience de touche, je me plais à dire que cette vignette, œuvre de la nièce de mon ami le poëte Gustave Mathieu, a conservé la pensée de la romance dans toute sa pureté.

P. D.

13 LE REPOS DU SOIR.

Ce chant rustique, dit à Lagny devant une réunion nombreuse d'ouvriers imprimeurs qui fêtaient la Saint-Jean Porte-Latine, a touché vivement cet auditoire au moment où le chef de l'âtre est accueilli par sa femme et ses enfants. Le sentiment de la famille a jailli de tous les cœurs comme une étincelle électrique. Il est bien précieux pour un auteur de prendre sur le fait des impressions aussi vraies produites par des moyens aussi simples.

14 L'INCENDIE.

L'incendie est une sorte de marche militaire à l'usage des sapeurs-pompiers, ces vrais soldats de la paix, qui s'exposent au feu avec autant de courage que nos armées, et dont la mémoire languit un peu oubliée. Félicien David a bien voulu ajouter le charme de son harmonie à l'idée musicale de Pierre Dupont.

15 LE TUEUR DE LIONS.

Le tueur de lions a été inspiré par Gérard, dans le commencement de ses excursions épiques. Il est regrettable que le moule de la chanson soit si étroit pour des scènes aussi larges qui sont à la hauteur des temps dits héroïques.

16 LA NOUVELLE ALLIANCE.

La nouvelle alliance exprime la sympathie que l'auteur porte aux deux nations qui, dans cette circonstance, ont pris à tâche de défendre le faible contre le fort. Son rêve est que ce lien s'étende pour réaliser le vœu de Béranger :

> Peuples, formons une sainte alliance,
> Et donnons-nous la main.

[17] L'AS DE CŒUR.

Tendre la planche de salut à ceux qui ont follement dissipé leur jeunesse en rêves ou en plaisirs, et leur faire goûter la mâle volupté du devoir, en l'embellissant des fleurs de la famille, tel est le sens moral de ce chant qui conserve le ton et l'allure de chansons plus ou moins légères.

[18] LA CHASSE AU LOUP.

Vient comme complément au récit d'une longue chasse que l'on trouvera dans le poëme de Jeannette.

[19] LA VIERGE AUX OISEAUX.

Inspirée par un magnifique soleil couchant, au moment de la chute des feuilles, par une des premières soirées froides de novembre.

[20] MARGUERITE.

A été mise en musique et chantée avec beaucoup de charme par le ténor Audran.

[21] LE PESEUR D'OR.

Espèce de petite satire en chanson de l'excès où est porté de notre temps la fureur de l'or qu'on prend trop sérieusement pour le signe exact de la valeur. Cela est bon chez un changeur, mais il faut éviter de donner entrée à ce sentiment dans la famille et dans la vie privée. C'est le devoir des poëtes de réagir contre cette tendance quand elle s'exagère. J'ai vu, jusqu'en des bals de noces, la conversation ne rouler que sur la hausse et la baisse.

[22] LA CHANSON DES FOINS.

Le titre indique suffisamment que ce chant fait suite aux premières études rustiques, qui se continueront dans : *les Abeilles, les Pâturages, les Cerises, le Bûcheron blessé, le Scieur de long*, etc., qui se trouveront dans le tome quatrième.

FIN DES NOTES DU TOME TROISIÈME.

TABLE DES MATIÈRES

DU TOME TROISIÈME.

	Pages.
Réponse aux critiques	I
Les Sapins	1
L'Aiguille	5
La Pensée	11
Le Barbier de village	15
La Fête du Champ de Mars	21
Les Voyageurs à pied	25
La Chanson du banquet	29
La Sérénade du paysan	33
Le Chant d'amitié	37
Vesper	41
Entrée au Caveau	45
Le Roi de la Roche	49
Le Vague	53
La Jeune fille d'Inspruck	57
Adieux de la mariée	61
Les Bords de la Saône	65
La Royauté	69
Mon Aïeule	73
La Maladie	77
Le Repos du soir	81
Le Chant de la mer	85
La Vierge aux oiseaux	89
Le Peseur d'or	93
Le Rossignol et les Roses	97
Les Amis	101

TABLE DES MATIÈRES.

Prière des enfants...	105
L'Incendie, ou Chant des pompiers.....................	109
Le Bouvreuil..	113
La Nouvelle alliance.......................................	117
La Lyre d'or...	121
Le Tueur de lions...	125
Marguerite...	131
La Rivière..	135
Tom, ou Chant des noirs..................................	141
L'As de cœur...	147
La Fanfare du loup..	151
Une Nuit..	155
Le Mois de mai...	159
La Chanson du jour de l'an...............................	163
La Chanson des foins.......................................	169
Notes du tome III..	173

FIN DE LA TABLE DU TOME TROISIÈME (1).

(1) L'ouvrage, primitivement, ne devait faire que trois volumes ; ces trois volumes sont loin de contenir tous les chants de Pierre Dupont, nous mettons sous presse le tome IV : l'ouvrage, maintenant, n'aura donc pas de limites tant que Pierre Dupont chantera, et que le public accueillera ses chants.

(*L'Éditeur.*)

Paris. — Imprimerie de L. MARTINET, rue Mignon 2

www.ingramcontent.com/pod-product-compliance
Lightning Source LLC
Chambersburg PA
CBHW052248220526
45471CB00001B/241